# Lost & Dark Places
# Franken

Kapitel 33: Bis vor wenigen Jahrzehnten noch ein prächtiges Schloss: Wässerndorf in Unterfranken

Benedikt Grimmler

# Lost & Dark Places
# FRANKEN

33 vergessene, verlassene und unheimliche Orte

BRUCKMANN

Kapitel 2:
Wirkt heute nicht mehr sehr einladend: Gasthof Großrehmühle im Frankenwald.

# Inhalt

Kapitel 9: Keine Ruine, sondern Reste eines Granitsteinbruchs im Fichtelgebirge

Mit eigener Tankstelle: Das einstige Versandzentrum der »Quelle« in Nürnberg

Kapitel 30: Klassischer moderner Lost Place: Die ehemalige Papierfabrik im Steinachtal

# Die düstere Seite Frankens

Bier, Bocksbeutel, Bratwurst, Klöße, Playmobil und FCN, Nürnberg, Rothenburg ob der Tauber und ein freundlicher Dialekt mit weichen Buchstaben, das kommt einem beim ersten Nachdenken in den Sinn, wenn man an Franken denkt. Kaputte Gleisanlagen, heruntergekommene Fabriken, vernachlässigte Burgruinen, verfallene Kirchen, kindermordende Adlige, aufgegebene Kasernen oder zerbröselnde Schlachthöfe fallen einem eher nicht ein. Und doch gehört naturgemäß auch dies zur Region – und das in nicht geringer Zahl. Jeder schaut sich gerne eine mittelalterliche Stadt wie Dinkelsbühl an, die ihren altertümlichen Charme verströmt, hunderttausende Touristen stehen vor einem Weltkulturerbe wie der Würzburger Residenz oder dem Bamberger Dom, Busladungen treffen zu Weinproben und Mainschifffahrten ein. Aber wer käme schon auf die Idee, heute mal eine alte Porzellanfirma in Oberfranken aufzusuchen, die seit Jahren leer steht und statt Fabrikverkauf nur noch eingeworfene Fenster zu bieten hat? Nun: wir.

Kapitel 4: Hier ist ein Erker abgefallen: Ruine Leonrod bei Dietenhofen.

Eine Verbindung von klassischem Touristen und dem Besucher von Lost & Dark-Places sind vielleicht noch Burgruinen. Die sind ohnehin typisch für das Burgenland Franken und auch beliebte Ausflugsziele. Manche von ihnen jedoch sind inzwischen ein gutes Beispiel für eine Vermischung von Lost & Dark-Places. Ein Dark Place, ein unheimlicher, düsterer Ort sind sie, weil sie für gewöhnlich mit Sagen und Legenden verbunden sind, die nicht selten Grusel hervorrufen, noch dazu, wenn sich dahinter eine wahre Geschichte verbirgt. Ein Lost Place, ein aufgegebener, im Verfall befindlicher Ort, sind sie quasi bereits per Definition, doch ist Ruine eben nicht Ruine. Da gibt es hervorragend restaurierte und für Touristen erschlossene – und Ruinen, aus denen jedes Jahr an abgelegenen Orten Stein um Stein herausbröselt. Neben zerstörten Burgen haben Mittelalter und Neuzeit auch eine zweite Sorte von Ruinen hervorgebracht, die uns oft besonders erschüttern: verfallene Kirchen. In Franken sind sie nicht selten, Reformation und Säkularisation, aber auch diverse Kriege haben Gotteshäuser auf dem Land und in den Städten zerstört, von denen manche nun eine seltsame Stimmung hervorrufen, zwischen romantischer Erinnerung an Gemälde von Caspar David Friedrich und der unguten Ahnung, dass hierdurch ein blasphemischer Frevel begangen wurde. Und natürlich auch, weil Kirchen oft mit Gräbern verbunden sind. Denn wenn es einen prototypischen Dark Place gibt, dann den Friedhof – und ist dieser alt und vernachlässigt, mit krummen Kreuzen und verwitterten Grabmälern, wird auch dem kühlsten Denker mulmig.

Einsame Grabmäler erinnern oft auch an unheimliche Gestalten, interessanterweise sind es in Franken oft Frauen: Sibylla Weiß, die Prophetin, deren warnende Voraussagen längst eingetroffen sind, die Weiße Frau, die in fränkischen Schlössern spukt, die Köchin von Lauenstein, die ihr Kind vergraben hat, und die letzte Hexe Frankens, eine Nonne, die seitdem keine Ruhe mehr findet. Ihnen allen – und einigen anderen mehr – erweisen wir die Ehre eines Besuches, was wahrscheinlich besser ist als andersherum. Kaspar Hauser wird uns begleiten ebenso wie Pfarrer Ulmer, ein Grantler aus Oberfranken, Karl Ludwig Sand, ein Attentäter von europäischer Prominenz und sogar der noch berühmtere Pontius Pilatus, die Herren sind also nicht außen vor und ihre Schicksale sind oft nicht weniger drastisch.

Drastische Schicksale ereilen dann, in unseren Tagen, viele Gebäude, denen einst eine große Zukunft mitgegeben schien. Das 20. Jahrhundert hat vieles zu Lost Places werden lassen, insbesondere auf das Ende des Millenniums hin. Fabriken, Kasernen und Bahnhöfe, sie alle wurden vor allem seit den 1990er Jahren Opfer von Insolvenzen, Sparmaßnahmen und Strukturwandel. Es erstaunt nicht, dass besonders Oberfranken, das »Armenhaus Bayerns«, in diesem Buch überproportional vertreten ist. Pleiten, Behördenschließungen und Streckenabbau haben für zahlreiche Lost Places in Franken gesorgt, selbst und gerade bei typisch fränkischen Institutionen wie Brauereien, der Porzellanindustrie, Gastwirtschaften und auch einem Weltkonzern wie Quelle. Hinter dem zwiespältigen Charme der abblätternden Fassaden liegt auch immer die Wehmut über Verlorenes, einst Vertrautes und nicht Wiederkehrendes. Apropos nicht wiederkehrend: Kirchen- und Burgruinen, Friedhöfe und Denkmäler sind davon – hoffentlich – nicht betroffen, doch wohl einigen »modernen« Lost Places droht dann doch, zum Schandfleck deklariert, der Abriss. Bei manchem Ausflugsziel ist womöglich Eile geboten. Wer weiß, ob das alte Lichtenfelser Klinikum, das Markt Bibarter Sägewerk oder der Bamberger Lokschuppen nächstes Jahr noch stehen werden? Auch Denkmalschutz schützt nicht immer vor Abriss.

**Kapitel 14: Fränkische Pracht ohne Funktion: der ehemalige Schlachthof in Bad Kissingen**

**Kapitel 33: Die Haube ist ab: das Tor des Wässerndorfer Schlosses.**

Bevor diese Stätten also endgültig verloren, »lost« sind, fahren Sie dorthin und nehmen Sie das Gefühl von Grusel, Verfall oder auch Nostalgie in sich auf, das die ausgewählten Objekte vom Uranbergwerk bis zum Munitionsdepot, vom verwilderten Grab bis zur verlassenen Grenzstation versprühen, spüren Sie eine oft bewegte Vergangenheit und die Mahnung, dass nichts für die Ewigkeit errichtet wurde. Seien Sie dabei vorsichtig, dass Ihnen nicht die Weiße Frau oder Pfarrer Ulmer über den Weg laufen. Wagen Sie sich nicht zu weit vor – vor allem, was moderne Ruinen betrifft, einerseits sind diese Privatgrund, andererseits ist die Chance nicht ganz so gering, dass Ihnen ein Ziegel auf den Kopf fällt oder Sie über einen alten Fensterrahmen stolpern. Und genießen Sie es, die »dunkle« Seite Frankens zu entdecken!

Kapitel 30: Industrieruine statt Industriedenkmal: die Papierfabrik bei Stadtsteinach

# 1 Pilatus und die Alchemisten

## Hausen und Schloss Scharfeneck

**Ein berühmter Römer, ein lustloser Burggraf und ein berüchtigter Betrüger: Sie alle sind mit verschwundenen Orten an der Regnitz verbunden.**

Baiersdorf, Landkreis Erlangen-Höchstadt, Mittelfranken **Ort** Hemhofener Straße, 91083 Baiersdorf **GPS** 49.659481, 11.027817 **Anfahrt** Mit der S1 Nürnberg–Bamberg nach Baiersdorf oder mit dem Auto auf A73, Ausfahrt Baiersdorf-Nord
Hausen, Landkreis Forchheim, Oberfranken **Ort** Dr.-Kupfer-Str. 4, 91353 Hausen **GPS** 49.689913, 11.035667 (Dorfmuseum im Greifenhaus) **Anfahrt** Mit der S1 Nürnberg–Bamberg bis Kersbach oder mit dem Auto auf A73, Ausfahrt Forchheim-Süd

**In Ruhe experimentieren** Vor ihm stand eine große Karriere, denn sein Vater Friedrich hatte von Kaiser Sigismund die Kurfürstenwürde für Brandenburg erhalten. Und so war der 1406 geborene Sohn Johann für die Nachfolge ausersehen, wurde mit zwanzig in Regierungsgeschäften angelernt – nur hatte er dazu leider so gar keine Lust. Er reiste lieber nach Jerusalem, begeisterte sich für Gralslegenden und die Natur, nur nicht für das Herrschen – der Vater sah dies rechtzeitig ein, bestimmte seinen ehrgeizigeren Bruder Friedrich als neuen Kurfürsten und fand Johann 1437 mit dem oberen Teil der fränkischen Markgrafschaft ab. Doch selbst da, auf der Plassenburg über Kulmbach, konnte sich Johann nicht zum Regieren aufraffen, er überließ die Tagesgeschäfte den Beamten und verweilte lieber auf Schloss Scharfeneck, das kurz nach 1388 in der Nähe von Baiersdorf erbaut worden war. 1457 verzichtete er endgültig auf seine Herrschaft, lebte fortan zurückgezogen auf Scharfeneck und widmete sich dort seinem Steckenpferd: frühen naturwissenschaftlichen Forschungen, deren »Wissenschaftlichkeit« naturgemäß nicht ganz unseren Vorstellungen entsprach. Was genau der Frühpensionär Johann dort herumexperimentierte, darü-

**Würde Scharfeneck noch stehen, sähe man aus den oberen Stockwerken ungefähr dieses Panorama von Baiersdorf.**

ber liegen leider keine Aufzeichnungen vor. Die Nachwelt – er war 1464 verstorben – versah ihn aber trotzdem mit dem Beinamen »der Alchemist« und da er einen großen Garten beim Schloss anlegte, steht er auch im Verdacht, Begründer des Ruhmes von Baiersdorf zu sein: Womöglich war er es, der hier den Meerrettich einführen ließ.

Kein Stein blieb auf dem anderen, aber immerhin ein Gedenkstein.

**Alchemistischer Wiederaufbau** Christian Wilhelm von Krohnemann versprach, dank seinem Gold werde »das Schloss zu Baiersdorf wieder erbaut«, denn zu seiner Zeit, Ende des 17. Jahrhunderts, lag Schloss Scharfeneck in Trümmern. Der stattliche Bau in Grenzlage war schon 1553 der Rache der bambergischen Truppen nach den blutigen Feldzügen des Markgrafen Albrecht Alcibiades zum Opfer gefallen. Nun sollte er als Prestigeobjekt des Markgrafen Christian wiedererstehen – ein großartiger Neubau im Stil der Renaissance wurde in Angriff genommen, eine symmetrische Anlage mit vier Türmen, ähnlich wie die Aschaffenburger Johannisburg. 1627 begann der Bau, 1632 zogen die bambergischen Forchheimer – es war der Dreißigjährige Krieg – Richtung Baiersdorf und zerstörten das Schloss kurz vor dessen Vollendung. Und so konnte Baron Krohnemann 1678 verkünden, er werde für die Neuerrichtung sorgen – mit eigens von ihm hergestelltem Gold. Denn der baltische Adlige war Alchemist in des Markgrafen Diensten. Doch Scharfeneck blieb Ruine, Krohnemann kam erst ins Gefängnis, aus dem er zwar noch fliehen konnte – er hatte die Silberkammer des Markgrafen geplündert –, doch dann als Betrüger und Dieb

Der Standort von Schloss Scharfeneck in den Regnitzauen

an den Galgen. 1875 kaufte ein Bamberger Baurat das Gebäude, um es zu restaurieren, doch denkmalpflegerische Zuschüsse etc. gab es noch nicht, das Vorhaben ging pleite, die Scharfeneck fiel an die Handwerker, um deren Löhnung zu tilgen – und diese brachen 1892 das Schloss komplett ab. Dem Baiersdorfer Stadtrat blieb nur, einen Stein zur Erinnerung setzen zu lassen – und der steht da noch immer in den Regnitzauen, bis der nächste Alchemist kommt und das Schloss wieder hervorzaubern wird ...

**Ein Römer aus Franken** Nördlich von Baiersdorf, schon in Oberfranken, liegt die Gemeinde Hausen. Ähnlich unscheinbar wie der Ortsname, einer der häufigsten in Deutschland, hat Hausen auf den ersten Blick wenig Auffälliges zu bieten: eine Schleuse am Rhein-Main-Donau-Kanal, eine Schule, ein paar Fachwerkhäuschen und eine mittelalterlich-moderne Kirche. Und doch gilt das Dorf als Geburtsort eines Mannes von weltgeschichtlicher Bedeutung, des römischen Prokurators von Judäa, Pontius Pilatus, in dessen Amtszeit (26–36) und unter dessen Verantwortung die Hinrichtung Jesu Christi fiel, die ihn zu einer äußerst kontroversen Gestalt werden ließ, von den einen verehrt – in der Ostkirche gilt er als Heiliger –, von den anderen als Christusmörder gehasst. Unzweifelhaft war er eine historische Figur, überliefert in antiken Schriftzeugnissen, abgesichert durch archäologische Funde. Aber was hat er mit dem kleinen Hausen zu tun, das in jenen Tagen noch gar nicht existierte und, selbst wenn, weit vor den Grenzen des Römischen Reiches gelegen hätte?

**Die Hausener Pilatussage** Aufschluss gibt eine Sagensammlung aus dem Jahr 1855, in der erstmals Hausen als Geburtsort des Pilatus erwähnt wird. Nach einer Lehre in Nürnberg sei er Gesandter in Jerusalem geworden, habe es dort zu einigem Reichtum gebracht und aus Dankbarkeit in unmittelbarer Nachbarschaft zu seinem Heimatdorf eine Stadt gegründet. Diese aber sei in der Stunde des unglückseligen Urteils über Christus, das Pilatus fällte, komplett im Erdboden versunken. Erst wenn Hau-

Die Regnitzauen vom Damm des Rhein-Main-Donau-Kanals gesehen. Inmitten würde sich heute Schloss Scharfeneck sicher hübsch in der Landschaft ausmachen.

Eines der schönen alten Häuser in Hausen. War Pilatus hier einst Nachbar?

sen in Zukunft so groß geworden sei, dass das Gebiet der verschwundenen Pilatusstadt neu bebaut werde, würde ein frei herumlaufender Hahn die Kirchturmspitze der früheren Siedlung herausscharren. Je nach Überlieferung sind die Folgen jedoch von drastischem Unterschied: entweder Reichtum für den Finder, da die Spitze aus purem Gold ist, oder – Weltuntergang. In dieser Erzählung verknüpfen sich mehrere Traditionen und historische Begebenheiten miteinander. Aufgrund verschiedener Umstände – etwa der Wahl eines Gegenkönigs im Forchheimer Pilatushof im Jahr 1077 – wurde die benachbarte Festungsstadt schon früh mit der biblischen Gestalt in Verbindung gebracht. Sie beanspruchte bald die buchstäblich zweifelhafte Ehre für sich, Heimat des Pontius Pilatus gewesen zu sein, wovon nicht nur eine lateinische Inschrift in der Festungsmauer, sondern bis ins 18. Jahrhundert eine dort vorgezeigte »originale« rote Hose des Römers zeugen sollte. Erst später zweigte sich die Überlieferung auf und Forchheim wurde zum Jugendort des Pilatus, Hausen aber zu seiner Geburtsstätte.

**Die Pilatuswiesen** Grund hierfür dürfte die Flur »Pilodes« gewesen sein, nordöstlich von Hausen gelegen, teils auf Gebiet des Nachbardorfes Burk. Die Dialektvariante des Namens Pilatus gab dann – bis heute – Anlass zu zahlreichen Spekulationen. Noch dazu wird mit ziemlich guten Argumenten auf dem Gebiet eine Wüstung, vermutlich eine Mühle, womöglich auch ein herrschaftlicher Ansitz mit Wirtschaftsgebäuden vermutet, der allerdings schon in sehr frühen Jahren aufgegeben wurde – dies ist der Hintergrund zum Gerücht von der versunkenen Stadt. Seit dem 16. Jahrhundert sind in dem Feldstück immer mehr Namen mit Bezug zu dem Römer nachzuweisen, ein Pilatusweg, ein Pilatusbaum, ein Pilatusberg. Und die Sage kennt sogar die exakte Hausnummer von Pilatus' Geburtsstätte, dummerweise allerdings nennt sie gleich zwei: Hausen Nr. 48 (heute Hauptstr. 9, mit Kreuzschlepper) und Nr. 73 (Hauptstr. 8, mit Wegkreuz). Es kommt noch schlimmer: Auf der Pilatusflur liegt heute das Hausener Gewerbegebiet, mit Firmen und Supermärkten, durchschnitten von der B 470. Sollte demnächst ein Hahn dort einen Kirchturm ausgraben, blüht uns womöglich so einiges …

## Das besondere Erlebnis

Einst weit verbreitet und für die Landwirtschaft unentbehrlich, gehören die wenigen heute südlich von Forchheim und in der Fränkischen Schweiz vorhandenen Wasserschöpfräder zu den beliebtesten Fotomotiven. Nahe der modernen Schleuse des Rhein-Main-Donau-Kanals liegt im alten Flussbett der friedlich mäandernden Regnitz das letzte Hausener Exemplar, entstanden in der Mitte des 19. Jahrhunderts. Am benachbarten Grillplatz kann man sich hinsetzen und am Ufer in aller Ruhe seine eigenen Gedanken machen zum Rätsel der Pilatussage (alchemistische Experimente dagegen sollte man dort unterlassen).

Rechte Seite: Immerhin: ohne Pilatus gäbe es auch keine schmucken Wegkapellen in Hausen.

# 2 Ausgefeiert

## Der Gasthof Großrehmühle

»Gasthof zum Reh…« steht noch auf der Fassade, der Rest ist abgeblättert. Die traurige Geschichte einer beliebten Einkehrmöglichkeit.

Großrehmühle (Markt Marktleugast), Landkreis Kulmbach, Oberfranken **Ort** Großrehmühle 19, 95356 Marktleugast **GPS** 50.198964, 11.614693 **Anfahrt** Mit der Bahn (RB) nach Ludwigschorgast oder Helmbrechts oder mit dem Auto auf der B 289 via Marktleugast, weiter auf der Staatsstraße 2158 nach Grafengehaig

**Gäste konnten vom Gasthof rechts trockenen Fußes in das Übernachtungshaus gelangen.**

**Rechte Seite: Man erkennt noch, dass es sich einst keineswegs um eine kleine Spelunke gehandelt hat…**

**Herzlich willkommen!** Fragt man Bewohner der Umgebung, die das einstige Ausflugslokal noch zu seinen besten Zeiten kannten, so erinnern sie sich stets gerne an Familienfeste, Betriebsfeiern oder den Sonntagsbesuch mit der Familie in der Gastwirtschaft, dort in dem etwas versteckten Frankenwaldtal mit dem herben Charme, der bei Wanderern äußerst beliebt ist. Zudem bot das Haus gut fünfzig Besuchern Übernachtungsmöglichkeiten, mit anderen Worten, einer buchstäblich vollen »Busladung«, und nicht selten stand ein solcher mit auswärtigem Kennzeichen auf dem Parkplatz vor den Gebäuden. Der »Gasthof zum Rehbachtal« – denn so hieß die einst vollständige Aufschrift – hatte einen guten und weiten Ruf. Die Umstellung

war gelungen. War doch die Großrehmühle, wie der Name verrät, früher eine der vielen Mühlen der Gegend, in der es nicht von ganz ungefähr – ganz nahe führt er vorbei – den Mühlenweg gibt, eine Wanderstrecke mit gut einem Dutzend der kleinen Betriebe am Wasser. 1683 schon tauchte der Name Großrehmühle auf, jahrhundertelang wurde hier dank Wasserkraft sowohl Getreide gemahlen als auch Holz geschnitten. Doch das 20. Jahrhundert brachte auch die Großrehmühle wie viele Mühlen in wirtschaftliche Bedrängnis. Das Aus kam mit dem Zweiten Weltkrieg.

**Aufstieg und Ende** Die Müllersfamilie erfand sich neu: Sie baute ihre Mühle zum gastronomischen Betrieb um, nicht nur als kleine Gastwirtschaft, sondern mit Saal und Bettenhaus für größere Veranstaltungen und Gäste aus der Ferne. Das Vorhaben gelang, der Laden florierte. Nach fast 50 Jahren war allerdings Schluss, 1995 gab die Familie den Gastbetrieb auf, es folgte noch ein kurzes Intermezzo als Flüchtlingsunterkunft, 1997 der Verkauf an einen Unternehmer. Seitdem geschah dort – nichts. Außer dass die Gebäude vor sich hin gammelten, zuwucherten, Ziegel herabfielen,

Wer hier wohl als letzter Gast saß?

der Putz abblätterte. 2006 brach dann in einem der strengen, schneereichen Winter des Frankenwaldes das Dach des Hauptgebäudes ein. Und so stehen die Bauten heute noch, mehr oder eher weniger. Mit viel Fantasie lässt sich der einstige fröhliche Gastbetrieb mit vielen Besuchern noch erahnen, die Gegenwart dagegen versprüht nur Tristesse.

## Das besondere Erlebnis

Die Großrehmühle wirkt nicht mehr sehr einladend, warum also nicht auf ihr Pendant, die Kleinrehmühle ausweichen. In der Brotzeitgaststätte, die man unter anderem über einen schönen Wanderweg von der Großrehmühle aus über den Hügelrücken an der Hinterrehberger Kapelle vorbei erreicht (Markierung Mühlenweg), locken als besondere Spezialität des Hauses Forellen aus eigener Zucht. Auf dem Gelände der einstigen Mühle kann man draußen sitzen, ein kleines Sägewerk in Gang setzen oder die Forellen in den Weihern und Zuchtbecken beobachten. *www.kleinrehmuehle.de*

**Die Hinterrehberger Kapelle liegt auf der Höhe zwischen den beiden Rehmühlen.**

# 3 Sprengstoff in der »Zuckerfabrik«

## Das Munitionsdepot Breitengüßbach

**Früher versteckt und buchstäblich gefährlicher Boden, ist das einstige Munitionsdepot Breitengüßbach heute ein Natur- und Joggerparadies.**

Breitengüßbach, Landkreis Bamberg, Oberfranken **Ort** Am Klingen, 96149 Breitengüßbach **GPS** 49.96741, 10.88894 **Anfahrt** Mit der Bahn nach Breitengüßbach (RE/RB Bamberg–Lichtenfels, Bamberg–Ebern) oder mit dem Auto auf A 73 (Frankenschnellweg), Ausfahrt Breitengüßbach-Süd oder -Mitte

**Unversteckt** Wer sich heute östlich der Gleise begibt, läuft in ein scheinbar typisches Neubauviertel jüngerer Tage, wie es so viele im boomenden Bamberger Umland gibt. Bei genauerem Blick fällt allerdings auf, dass manche der Gebäude deutlich älter sein müssen. Tatsächlich stammt so manches der Häuser aus den 1930er Jahren – und für Familien waren sie nicht gedacht. Das Haus »Am Klingen 2« – heute das Technische Hilfswerk beherbergend – sticht besonders ins Auge; klar ist der Stil jener Jahre zu erkennen, man merkt sogleich, hier verbirgt sich eine andere Vergan-

**Überall auf dem Gelände stehen...**

genheit hinter der jetzigen Nutzung. Das Geheimnis enträtselt sich spätestens am Ortsrand: Von dort ist das Wachhäuschen mit dem dichten Zaun noch immer zu sehen, der einst die riesige Fläche des Munitionsdepots Breitengüßbach, kurz »Muna«, umgab. Die Häuser im Vorfeld der Anlage dienten der Kommandatur, den technischen Betrieben und Mannschaften.

**Links: Garantiert kein Anschluss unter dieser Nummer.**
**Rechts: Auf dem Gelände tummeln sich nämlich inzwischen allerlei Tiere (und Menschen).**

**Der geheime Bau der »Muna«** Im Zuge der allgemeinen Aufrüstung suchten die Nationalsozialisten schon 1934 in der Umgebung von Bamberg nach einem gut versteckten Depot für Waffen und Sprengstoffe – das Vorhaben musste geheim bleiben, galten doch noch immer die strengen Regelungen des Versailler Vertrages. Geeignet

**... kleine Hütten verschiedener Funktion.**

Die Muna hatte ihren eigenen Gleisanschluss.

erschien das Gebiet östlich von Breitengüßbach an der Straße nach Zückshut. Ob dieser Name die Nazis dazu inspirierte, das ganze Unternehmen offiziell als den Bau einer »Zuckerfabrik« auszugeben, sei dahingestellt, unproblematisch war das Vorgehen aus vielerlei Gründen nicht. Abgesehen davon, dass die Verbindungsstraße in den Nachbarort verschwand, war auch nicht jeder Breitengüßbacher gewillt, seinen Grund und Boden gegen eine finanzielle Einheitsentschädigung abzugeben. Da man kein Aufheben brauchen konnte, wurde kurzerhand zwangsenteignet, wer sich querstellte. Auch die für viele aufgrund der Wirtschaftskrise glückliche Aussicht auf Beschäftigung war ein zweischneidiges Schwert. Zwar standen für den Bau bis zu 900 Menschen in Lohn und Brot, diese waren aber zu absoluter Geheimhaltung verpflichtet. Wer sich verplapperte, sah sich schnell hinter Gittern wieder. Trotzdem drangen bald Gerüchte über dieses neue Depot bis ins Ausland, an die Existenz der »Lehmann-Zuckerwerke« mochte niemand so recht glauben.

Rechte Seite
Oben: Die Wege sollte man keinesfalls verlassen.
Unten: Der Eingang wirkt noch immer etwas abweisend, aber links am Wachhäuschen kommt man problemlos auf das Gelände.

**Neue Eigentümer** Dass hier nie irgendwelche Süßprodukte verarbeitet worden waren, konnten die amerikanischen Truppen spätestens dann feststellen, als sie im Frühjahr 1945 das Depot erst ein-, dann übernahmen. Die hier noch immer eingelagerte Munition wurde wochenlang auf Wiesen der Umgebung gesprengt. 1954 gaben die USA das Lager auf, kurzzeitig zog der Bundesgrenzschutz, dann ab 1955 die neu gegründete Bundeswehr ein. Die »Muna« war nun ganz offiziell Standort der Truppe, mit eigenem Gleisanschluss zur Verladung von Munition und Panzern, der Kalte Krieg ließ die Lage am Bahnknotenpunkt Breitengüßbach zur Versorgung der Kasernen in Bamberg und Ebern (siehe 5) noch immer attraktiv erscheinen. Das Gelände

30
Schranke
bitte immer
schließen

blieb aber natürlich für die Bevölkerung weiterhin tabu. Am Ende des Jahres 2004 war aber für die »Muna« das Aus gekommen, die Bundeswehr gab den Standort auf. Für die Gemeinde stellte sich nun die Frage, was tun mit dem riesigen Gelände?

**Das Nachleben** Vorerst musste natürlich erst einmal geklärt werden, ob da nicht noch allerlei Gefährliches im und auf dem Boden herumlag. Nachdem dies untersucht worden war, kaufte die Gemeinde das gesamte Areal und wandelte den vorderen Teil außerhalb des Zaunes, wie erwähnt, in ein Wohngebiet um. Für das eigentliche Muna-Gelände ergab sich einerseits die Vermietung der zahlreichen Bunkeranlagen – 82 an der Zahl –, manches Gebäude wurde umgewidmet. So wurde ein modernes Biomasseheizwerk errichtet, manches andere blieb ungenutzt. Der Großteil des Geländes aber, über Jahrzehnte gut gegen die Außenwelt geschützt, soll Naturpark bleiben, denn in der, so paradox es klingen mag, friedlichen Atmosphäre des Waffenlagers konnte so manche schützenswerte Tier- und Pflanzenart ungestört vor sich hin gedeihen.

Wer auf das verlassene Wachhäuschen am Breitengüßbacher Eingang zuläuft, dem erscheint das Muna-Areal noch immer recht abweisend, doch ist der Posten unbesetzt und die Tür im Zaun links leicht zu öffnen. Stundenlang kann man nun über die zahlreichen Sträßchen des Geländes laufen, vorbei an den verfallenden Gebäuden, den zahlreichen im Boden eingelassenen Munitionsbunkern, den entfernten Gleisanlagen, alle paar Meter gibt es irgendein Überbleibsel der martialischen Ver-

**Eingang zu einem der über 80 Bunker**

gangenheit zu entdecken, oft von der Natur überwuchert. Orientierung bietet eine große Übersichtstafel kurz hinter dem Eingang. Das ist durchaus vonnöten, die vielen Wege bilden ein nicht leicht zu überblickendes Labyrinth. Profis orientieren sich an den Bunkernummern, nicht verlassen sollte man sich dagegen auf die an nicht wenigen Ecken herumstehenden Telefonboxen. Wer diese aufklappt, findet zwar noch oft einen darin vorhandenen spinnennetzüberwebten Apparat – dass sich am anderen Ende der Leitung jedoch, wie es der dort lesbare Hinweistext ankündigt, »die Wache« melden wird, ist allerdings äußerst unwahrscheinlich.

## Das besondere Erlebnis

»Zum heilgen Veit von Staffelstein komm ich emporgestiegen«, so heißt es bekanntermaßen im als Frankenlied berühmt gewordenen Gedicht Viktor von Scheffels, doch der Schriftsteller aus dem Badischen hatte sich ordentlich vertan: Die Veitskapelle steht auf dem Nachbar-, nämlich dem Ansberg (nicht dem Staffelberg), von Breitengüßbach aus in wenigen Fahrminuten erreichbar (Wanderparkplatz zwischen Ebensfeld und Dittersbrunn). Hochzusteigen lohnt sich allemal: Dort wartet nicht nur die Barockkapelle des heiligen Veit, sie ist auch umgeben vom ältesten Lindenkranz Deutschlands, angelegt vor über 200 Jahren. Und mit einem hatte von Scheffel doch recht, trotz des falschen Berges: »… und seh die Lande um den Main zu meinen Füßen liegen. Von Bamberg bis zum Grabfeldgau umrahmen Berg und Hügel die breite stromdurchglänzte Au.«

**Links: Nur nicht die Orientierung verlieren…**
**Rechts: Öffnen Sie ruhig einmal einen der Telefonkästen!**

# 4 Die nachgeholte Zerstörung

## Die Burgruine Leonrod

**Anders als viele Ansitze in Franken hatte Burg Leonrod den Dreißigjährigen Krieg unbeschadet überstanden – drei Jahre später war sie eine Ruine.**

Leonrod (Gemeinde Dietenhofen), Landkreis Ansbach, Mittelfranken **Ort** Leonrod 1, 90599 Dietenhofen **GPS** 49.404527, 10.664691 **Anfahrt** Mit der Bahn nach Heilsbronn (RE Nürnberg–Ansbach–Stuttgart, S-Bahn Nürnberg–Ansbach) oder mit dem Auto auf der Staatsstraße 2246 Nürnberg–Großhabersdorf, dann über Dietenhofen nach Leonrod

**Eine ganz normale Burgenhistorie** Die Geschichte der Burg Leonrod im Mittelalter liest sich eher typisch, so oder so ähnlich steht sie für viele Adelssitze der Region. 1235 tauchen erstmals Herren auf, die sich von Leonrod nennen, aus diesen Tagen, so ergibt der baugeschichtliche Befund, stammen auch die ältesten Teile der Ruine. Die Familie verzweigt sich – auch wenn sie nie zu den großen fränkischen Edelhäusern gehören wird – und tritt in Dienste der benachbarten Burggrafen und des Eichstätter Bischofs. Zeitweise wird Leonrod zu einer Ganerbenburg, das heißt, auch andere Adelsfamilien haben Rechte an ihr, dürfen dorthin im Kriegsfall Truppen verlegen. Doch die Leonrods konnten diese »Untermieter« wieder loswerden, die Burg blieb alleiniger Familienbesitz, den sich allerdings zumeist Brüder untereinander aufteilten. Der eigene Herrschaftsbereich ist nicht groß, der Markt Dietenhofen gehört dazu, ein paar Dörfchen und Weiler, zerstreute Häuser und Güter in anderen Territorien. So weit, so normal. Ungewöhnlich ist nur, dass wenig über Kriegszerstörungen bekannt ist. Burg Leonrod schien in dieser Hinsicht vom Glück begünstigt.

**Großer Fehler, Teil I** Etwas turbulenter wird es mit dem Tod von Georg Wolf von Leonrod 1566, mit ihm kommt eine katholische Familienlinie in den Besitz der Burg, nicht

In den Wintermonaten ist gut erkennbar, wie stattlich die Ruine noch immer ist.

unproblematisch in einer rein protestantischen Umgebung. Dies wird mit der eigenen Bevölkerung und deren Schutzherrn, dem Markgrafen, immer wieder zu Reibereien führen. Als mit dem Dreißigjährigen Krieg die richtig große konfessionelle Reiberei beginnt, steht die katholische Burg inmitten des feindlichen Umlandes erst recht allein da. Außer einem kurzzeitigen Verlust, als sie einem schwedischen Militär geschenkt wird, übersteht sie jedoch auch diesen Konflikt – ziemlich einmalig, wenn man das Schicksal zahlreicher anderer fränkischer Burgen und Schlösser jener Tage betrachtet. Natürlich wird auch sie geplündert worden sein, und das Folgende deutet auch darauf hin, dass sie länger verlassen war. Mit dem Westfälischen Frieden 1648 konnte die Familie von Leonrod auf den Wiedereinzug in ihre Stammburg hoffen. Diese war allerdings äußerlich verwahrlost, allerlei Gebüsch war um sie herum gewachsen. Doch wozu hatte man fronpflichtige Untertanen? 1651 sollte die unmittelbare Umgebung der Burg gerodet werden, eine Arbeit, auf die die hierzu abgeordneten Bauern sicher wenig Lust hatten. Um das leidige Geschäft zu be-

schleunigen, kam man auf die Idee, das Gestrüpp und Gesträuch kurzerhand abzufackeln. Es dauerte nicht lange, bis die Burg Feuer fing. Sie hatte den Krieg überlebt, um drei Jahre später durch Unachtsamkeit komplett abzubrennen.

**Großer Fehler, Teil II** Die Leonrods bauten ihre zerstörte Burg nicht wieder auf. Es wird an Geld gefehlt haben, wehrhafte Wohnbauten waren ohnehin aus der Mode gekommen. Seither verfiel die Leonrod. Der Familie ging es vorerst nicht viel besser. Man hatte Schulden angehäuft – und zwar nicht zu wenig. 1684 verkaufte man den Großteil des Besitzes an den Markgrafen, darunter Dietenhofen. Glücklich war man damit nicht, gerne hätte man das Geschäft wieder rückgängig gemacht, doch Ansbach legte sich quer, da nutzten auch neue Angebote und Gerichtsprozesse nichts. Zum geschrumpften Gebiet gehörte noch immer die Ruine Leonrod. Auch anderweitig lief es nicht allzu rund, sämtliche Versuche der Gegenreformation scheiterten, nicht einmal die Burgkapelle durfte für Gottesdienste wiederaufgebaut werden. Die Leonrods blieben gleichwohl eine angesehene Adelsfamilie, die im 19. Jahrhundert große Aufstiege erleben durfte. Im Jahr 1900 saß einer von ihnen auf dem Eichstätter Bischofsstuhl, einer war Staatsminister der Justiz, zwei waren Generäle. Im Zweiten Weltkrieg wurde Ludwig von Leonrod als Mitverschwörer zur Ermordung Hitlers 1944 hingerichtet, 1951 starb der letzte Leonrod. Die Ruine ging in die Hände verwandter Adeliger über.

**Die dem heiligen Georg geweihte Kapelle wurde in jüngster Zeit wiederaufgebaut.**

**350 Jahre Mauerfall** Die Fahrgäste der längst aufgegebenen Bibertbahn fuhren einst direkt an den Burgmauern vorbei, heute kann man auf dem früheren Bahndamm zur Ruine laufen, die hinter viel Gesträuch und Bäumen verborgen liegt. Schnell wird klar, dass die Leonrod bedeutende Ausmaße und aufgrund ihrer Lage wehrhafte Schutzvorrichtungen besaß, die sich ja durchaus bewährt hatten. Auch nach 350 Jahren Verwahrlosung ragen Teile insbesondere der inneren Burg noch hoch hinauf, bis zu vier Stockwerke. Das verwundert auch deshalb, weil der Gesamtzustand der Anlage eher bedenklich schlecht ist, »Lebensgefahr – Betreten verboten« warnt ein Schild. Mancher Stein sitzt nämlich recht locker. Noch immer stattlich wirken die breite Eingangsfront, die hoch aufragende Schildmauer hinter dem Graben, mit ihren Toren und dem offenen Erker; ihr unterschiedliches Mauerwerk verrät auch viel über die Bauphasen der Burg. Den besten Blick auf diese Westseite hat man von jenseits des Grabens aus, auf dem Gelände der ehemaligen Vorburg. Dort stehen das (bewohnte) Jagdhaus des 17./18. Jahrhunderts und die einst zerstörte Burgkapelle von 1327. Was die Leonrods selbst nicht durften, ist vor einigen Jahren in die Tat umgesetzt worden: Das kleine Georgskirchlein wurde wiederaufgebaut. Das pittoreske Ensemble von Jagdhaus und Kapelle kontrastiert nun umso mehr mit den bröseligen Mauern der einst stolzen Burg Leonrod, die ihren Verfall fast schamhaft hinter dem Laub der Bäume versteckt.

**Eine Holzgalerie mit – noch vorhandenem! – Dach schmückt diesen Wehrturm.**

## Das besondere Erlebnis

Als Straßenname existiert er noch immer, der »Meisterweg« in Dietenhofen, der vom Ortszentrum hinter der Spielwarenfabrik vorbei nach Walburgswinden führt, einem Einzel nahe dem modernen Neudorfer Verkehrskreisel. Der Meister, der hier einst ging, war der Scharfrichter, wenn er sich von seinem damals abgelegenen Gehöft sonntags zur Kirche aufmachte, abgesondert auch hier von seinen Mitmenschen. Wer möchte, kann folglich buchstäblich in den Fußstapfen des Henkers wandeln. Sein wichtigstes Arbeitsgerät, das reich verzierte Dietenhofer Richtschwert, befindet sich heute im Erlanger Stadtmuseum.

# 5 Abmarsch

## Die Kaserne Ebern

**Die »modernste Kaserne der Bundeswehr« überlebte den Kalten Krieg noch um gut 15 Jahre – 2004 verließ dann der letzte Soldat den Standort.**

Ebern, Landkreis Hassberge, Unterfranken **Ort** Im Frauengrund, 96106 Ebern **GPS** 50.094161, 10.776440 **Anfahrt** Mit der Bahn nach Ebern (RB Bamberg–Ebern) oder mit dem Auto auf der A 73, Ausfahrt Breitengüßbach (weiter auf der B 279)

**Eine neue Garnison** »Bitte …wohin?« wird manch Wehrpflichtiger gestutzt haben, als ihm offenbart wurde, dass er nach Ebern zum Dienst geschickt werden sollte. Ob ihn das schmucke Aussehen mit Stadttürmen und Barockhäuschen des einstigen würzburgischen Amts- und späteren Kreisstädtchens mit seinen kaum 8000 Einwohnern getröstet hat, darf bezweifelt werden, Ebern lag nicht nur nahe der innerdeutschen Grenze, sondern auch reichlich abgelegen – vielleicht war aber dies wiederum ein Grund, warum die Bundeswehrangehörigen und die Städter stets vorbildlich miteinander auskamen, seit die Bundeswehr nach längeren Bemühungen der Stadtoberen hier 1962 ihre neu erbaute Balthasar-Neumann-Kaserne bezog. Der berühmte Architekt (siehe 12) war nämlich auch Festungsbauer und Artillerieoberst der fränkischen Kreistruppen, und ihn hätte der ästhetische Standard der 1960er-Jahre-Bauten wohl, vorsichtig ausgedrückt, eher befremdlich angemutet. Als Einheiten zogen das Panzergrenadierbataillon 103 (unter damals noch anderem Namen) und das Panzeraufklärungsbataillon 12 ein, insgesamt 1200 Mann, 1969 wurde auch die Standortverwaltung für die umgebenden Landkreise hierher verlegt.

**Im Grenzland** Die Lage war mit Bedacht gewählt: Wie erwähnt war es zur innerdeutschen Grenze und damit zum weltpolitisch bedeutenden Eisernen Vorhang nicht allzu weit, die Garnison ein Kind des Kalten Krieges. Die Bataillonschronik beschrieb die Aufgabe so: »Das Panzergrenadierbataillon 103 ist ein mit Schützenpanzern, gepanzerten Mannschaftstransportwagen und Panzermörsern ausgerüsteter Verband der Infanterie. Es kämpft vor allem gegen feindliche Infanterie und leicht gepanzerte Kräfte. Feindliche Kampfpanzer kann es mit seinen Panzerabwehrraketen auch auf weite Entfernung bekämpfen.« Das klang alles reichlich martialisch im doch eher beschaulich-friedlichen Baunachtal. Und der Kampfeinsatz blieb den Panzergrenadieren und Aufklärern gottlob genauso erspart wie dem Rest der Bevölkerung – Treffsicherheit bewiesen die Soldaten ausschließlich in Manövern und Leistungswettbewerben. Abwechslung in den Kasernenalltag brachte dagegen die Nähe zur Stadt und zur Umgebung. Sei es an den stark besuchten Tagen der offenen Tür, aufgrund der Mithilfe der Bataillone bei Ernte- und Katastropheneinsätzen, aber auch durch die Übernahme von Kompaniepatenschaften mit den Städten der Region. Die Bewohner der Stadt und der Kaserne waren eng miteinander verbandelt.

**Die typisch fränkische Altstadt von Ebern ist äußerst sehenswert. Hier ein etwas makabres Zeugnis katholischer Frömmigkeit: die Hinrichtung der heiligen Barbara als Hausschmuck.**

**Die Wende mit der Wende** Nachdem der Dienst an der Waffe längst nicht mehr auf jedermann allzu attraktiv wirkte, wählte die Führung Ebern als Modellprojekt für das Konzept »Wohnen 2000« (auch »Kaserne 2000« genannt) aus, statt der muffigen Sechsmann-Stockbetten-Stuben wurden kleinere Vier-Mann-Wohneinheiten eingerichtet mit eigenem Bad, fast Appartementkomfort. Doch die kurzzeitige Umfunktionierung der Kaserne im November 1989 als Sammellager für DDR-Ausreisende deutete auf ganz neue Zeiten hin. Mit der Wiedervereinigung fiel das unmittelbare Feindbild weg; Ebern lag nun mitten in Deutschland. Beteuerungen noch im Jahr 1990, der Standort sei absolut sicher, erwiesen sich bald als trügerisch, als erst der Truppenbestand reduziert, 1992 die komplette Auflösung des Panzergrenadierbataillons verkündet wurde. Es blieben, in reduzierter Form, die Panzeraufklärer. Die Kaserne wurde weiterhin neu ausgerüstet, nicht nur mit Kriegsmaterial, sondern auch dem neuen Wohnstandard; ferner gab es Verbesserungen im Bereich des Umweltschutzes. Sie erhielt dadurch den Ruf, die modernste Kaserne der Bundeswehr zu sein. 2004 war auch hiermit Schluss, bei der neuesten Wehrreform wurde Ebern als Standort endgültig aufgegeben. Kein geringer Schlag für die Stadt – der Kasernenbetrieb, zahlreiche Soldaten und Zivilangestellte waren über das gute Miteinander hinaus auch ein bedeutender Wirtschaftsfaktor gewesen.

**Was nun?** Statt kauffreudiger Wehrpflichtiger hatte man nun ein sehr großes Gelände leer stehender Gebäude direkt vor der Stadt. Zwar sollte man meinen, dass die Bauten, die ja vor Kurzem erst saniert und teils auf neuestem Standard waren, schnell Interessenten finden würden, doch zeigte sich, dass ein Gesamtabnehmer nicht zu finden und selbst der Verkauf einzelner Teile reichlich zäh sein würde.

Auf den ersten Blick noch immer typische Kasernenbauten – nur ohne Bewohner

Nicht wenige Gebäude stehen seit dem Auszug der letzten Soldaten leer. »Kartentelefon« verkündet ein Aufkleber auf dem Eingang zu einem der einst so vorbildlich sanierten Wohnbauten, und nicht nur die sich breit machenden Grasbüschelchen im Pflaster davor erinnern daran, wie lang dies nun schon her ist, seit Kartentelefone attraktiv waren – und genauso lang hat hier niemand mehr telefoniert. So wirkt das große Kasernengelände heute seltsam uneinheitlich: Zwischen einzelnen neu belebten Bauten steht wiederum typische Bundeswehrarchitektur, die von der einstigen modernsten Anlage der Truppe kaum mehr etwas ahnen lässt, auch wenn der Verfall bislang noch eher schleichend ist. »Kaserne 2000« klingt nun nicht mehr nach Zukunft, sondern nach »verdammt lang her« …

**Hier ist schon länger niemand mehr durchmarschiert.**

## Das besondere Erlebnis

Sie möchten mehr Kasernengefühl? Dann können Sie auf dem Gelände der alten Bundeswehranlage auch gerne übernachten. Nicht im Biwak, sondern sicher komfortabler als manch Eberner Wehrpflichtiger: im »Hotel zur Alten Kaserne«, eingerichtet in einem der früheren Mannschaftsbauten. Dort findet sich auch das Standortmuseum. Wer nicht ganz so viel Zeit mitbringt, der kann im angeschlossenen »Stad'l« mit Biergarten Brotzeit machen. *www.landhotel-ebern.de*

**Auf dem Gelände wird der verschiedenen einst stationierten Truppen gedacht.**

# 6 Das ungeschminkte Gotteshaus

## Franziskanerklosterkirche Ellingen

Ein schmuckes Barockgebäude reiht sich in an das nächste. Und dazwischen steht – als hässliches Entlein – die Ellinger Franziskanerkirche.

**Memento mori ... Gedenke, dass Du sterben musst. Barocker Schmuck an der ...**

Ellingen, Landkreis Weißenburg-Gunzenhausen, Mittelfranken **Ort** Hausner Gasse 7, 91792 Ellingen **GPS** 49.060642, 10.969138 **Anfahrt** Mit der Bahn nach Ellingen (RE Nürnberg–Augsburg, Nürnberg–Ingolstadt–München) oder mit dem Auto auf der B 13 und B 2 (entfernter: A 9/Ausfahrt Greding)

**Ein Orden für den Orden** Nein, es geht nicht um vom König oder Ministerpräsidenten verliehene Blechmarken, sondern um Mönchs- beziehungsweise Ritterorden. Erstere waren die Franziskaner, Letztere der Deutsche Ritterorden. Diesem gehörte seit der Mitte des 13. Jahrhunderts der Ort Ellingen mitsamt seiner Wasserburg. Zwar war das eigentliche Territorium des Kleinstaates recht gering und zerstreut, doch stieg der überschaubare Ort zum Sitz der Ballei – einer oberen Verwaltungseinheit – Franken auf, der bald mächtigsten des gesamten Deutschen Ordens, erst recht nachdem dieser durch die Reformation große Teile seiner Stammlande in Preußen und auf dem Baltikum verloren hatte. Ellingen war vielleicht nicht gerade groß, aber durchaus bedeutend – und wer sich heute das ziemlich einmalige Barockschloss ansieht, den Sitz des Landkomturs, der wird daran ebenso wenig zweifeln wie die Schlossherren einst selbst. Als der prächtige Bau errichtet wurde, am Beginn des 18. Jahrhunderts, hatte sich der Orden von den Rückschlägen der Reformation und des Dreißigjährigen Krieges erholt, nur in einem Punkt herrschte Mangel: an Personal. An und für sich war die Gemeinschaft ja eine geistliche Verbindung von Mönch- und Rittertum, allerdings hatte man für Letzteres nur noch bedingt Verwendung

**... Maria-Hilf-Kapelle. Sie birgt die Mumie des einflussreichen Landkomturs Carl Heinrich von Hornstein.**

und für Ersteres zu wenig Bewerber. Junge Adlige übernahmen gerne die angesehenen Verwaltungsposten im Orden, aber Priester gab es nur noch in geringem Maße, selbst dem Orden gehörende Pfarreien mussten oft mit Weltgeistlichen besetzt werden. Ein Ausweg: die Franziskaner. Und so holte der Orden einen Orden in die Stadt.

**Dieser »Kollege« des Herrn von oben erweist sich als weniger unsterblich als gedacht.**

**Eine kurze Erfolgsgeschichte** Franziskaner aus Ingolstadt hatten schon seit 1600 bei größeren Festen in Ellingen ausgeholfen und die Deutschordensherrschaft wünschte, dass dies Dauerzustand würde, aber es gab Widerstand des Eichstätter Bischofs und benachbarter Klöster. Es dauerte sehr lange, bis man endlich zu einer Einigung kam: Erst 1738 wurde die Erlaubnis zur Errichtung eines Konventes gegeben, jedoch sofort mit dem Bau von Kirche und Kloster begonnen – schon zwei Jahre später stand beides inmitten der Stadt. Die Brüder halfen in der Pfarrei aus, ihr Hauptaugenmerk lag auf Predigt, Beichthören und Krankenseelsorge. 1769 gab es noch einmal kurzzeitig Zoff, der bayerische Kurfürst verbot den Franziskanern seines Landes, im Ausland zu dienen. Ellingen war Deutschordensgebiet in Franken, also Ausland. Franziskaner aus Straßburg ersetzten die Ingolstädter Kollegen. Ab 1774 übernahmen sie auch noch den Unterricht im gegenüber dem Kloster gelegenen Gymnasium. Die äußerst beliebten Mönche spielten eine wichtige Rolle im Leben der Stadt – aber nicht mehr lange.

**Das sterbende Kloster** Ab 1803 machte die Säkularisation den Klöstern in Franken ein Ende, sobald sie an Bayern fielen. In Ellingen war dies nicht der Fall, der Deutsche Orden überlebte die erste Welle der Aufhebungen und mit ihm der Konvent, der zum Aussterbekloster bestimmt wurde, das heißt, hier sammelten sich aus anderen Niederlassungen vertriebene Mönche. Dann wurde jedoch 1809 der Deutsche Orden in Deutschland aufgelöst, der Schirmherr verschwand und Fürst Wrede kam, bayerischer Feldmarschall. Der König schenkte ihm Schloss und Ort als sogenannte Domäne und weil der Fürst noch zusätzliche finanzielle Ansprüche hatte, bekam er 1818 das Franziskanerkloster dazu – prompt ließ er es schließen. Die Ausstattung der Kirche verkaufte und verschenkte er, das Gebäude selbst blieb vorerst ungenutzt. In der Folgezeit diente es als Markthalle, Schranne (Getreidespeicher), als Zuckerfabrik und Wollspinnerei, als Eisenwarenlager und Turnhalle. Schon 1856 stürzte das Decken-

**Rechte Seite: Unzweifelhaft ist Ellingen ein Schmuckstück. Man beachte die zahlreichen Deutschordenswappen.**

gewölbe ein, ein Abbruch des Gotteshauses stand unmittelbar bevor und war bereits beschlossen, erfolgte jedoch nie. Stattdessen ging die Fremdnutzung weiter, die Kirche war nun durch eine Zwischendecke unterteilt. Oben wurde Hopfen gedarrt, unten weiterhin Sport getrieben. Dann zog die Feuerwehr ein und wieder aus, seitdem wird der Innenraum als Lagerfläche für städtische und Vereinszwecke verwendet.

**Mittendrin, aber nicht dabei** Zur Einweihung der Kirche, so ist überliefert, hatte der Deutschordenspfarrer des benachbarten Absberg ein lateinisches Verslein gedichtet, welches übersetzt lautet: »Felsenfest stehe der Bau, nicht bringe die Flamme des Blitzes, nicht Krieg noch Pest, noch andrer Sturm ihn zu Fall!«

Noch ein Beleg für die Schönheit Ellingens: Barockbrücke und Schloss im Hintergrund

Nun, der Wunsch des Priesters ging in Erfüllung, die Kirche steht noch. Doch wer durch die Barockstadt Ellingen, wie sie sich zu Recht selbst nennt, flaniert, mit ihren vielen schön restaurierten Gebäuden von prächtigem oder schlichtem Aussehen, ein in dieser Form so sehenswertes wie seltenes Ensemble, dem sticht die unverputzte, über die Giebel der Nachbarhäuser herausragende Klosterkirche fast buchstäblich schmerzhaft ins Auge. Die Fenster bretterverschalt oder vermauert, der Blick fällt teils tief in die Eingeweide des Mauerwerks. Eines der Tore steht an der Seite offen, blickt man ins Innere: ein Lagerraumsammelsurium. Während das nebenstehende, an das Gotteshaus angebaute Kloster renoviert und sinnvoll als Kindergarten und Stadtarchiv genutzt wird, versinnbildlicht der Chor der Kirche mit seinen backsteinvermauerten Fenstern das traurige Schicksal des Sakralgebäudes. Es ist nicht so, dass den Ellingern dieser Zustand gefiele. Der Barockverein Ellingen, der sich intensiv um die Historie der Stadt und Pflege ihrer Gebäude kümmert, würde gerne zur Tat schreiten, doch mehr als die Erneuerung des Daches konnte noch nicht vorgenommen werden, denkmalpflegerische Bedenken stehen bislang einer Renovierung entgegen. So bleibt durch diesen Barockbau vorerst nur der schwache Trost, dass er die anderen Barockbauten Ellingens umso mehr glänzen lässt.

## Das besondere Erlebnis

Möchten Sie einmal buchstäblich einem leibhaftigen Landkomtur begegnen? Nein, nicht auf einem Portrait oder als Denkmal, sondern in persona. Der bedeutende Deutschordenskomtur Carl Heinrich von Hornstein (reg. 1718–1745), dem Ellingen neben der Ansiedlung der Franziskaner hauptsächlich die barocke Umgestaltung zu verdanken hat, ließ sich nicht nur die außergewöhnliche Maria-Hilf-Kapelle errichten, sondern einbalsamieren und dort in einem Glassarg bestatten. Im Rahmen von Führungen können Sie dem Landkomtur somit dort noch immer die Ehre eines Besuches erweisen.

Linke Seite
Oben: Ein Schild an der Tür erinnert an die kurze Zeit, als das Kloster bestand.
Unten: So präsentiert sich die Franziskanerkirche heute. Der hintere Teil (mit den Fenstern) wird immerhin sinnvoll genutzt.

# 7 Die versiegte Quelle

## Das frühere Fürther Versandkaufhaus

**Vom größten Versandhaus Europas zur riesigen innerstädtischen Industriebrache – Aufstieg und Fall eines Konzerns.**

Fürth, Stadt Fürth, Mittelfranken **Ort** Nürnberger Straße 56/58, 90762 Fürth **GPS** 49.469948, 10.999512 **Anfahrt** Mit der Bahn nach Fürth Hbf (RE Nürnberg–Würzburg oder Nürnberg–Bamberg) oder mit dem Auto auf der A 73, Ausfahrt Nürnberg/Fürth
Nürnberg, Stadt Nürnberg, Mittelfranken **Ort** Fürther Straße 205, 90429 Nürnberg **GPS** 49.457728, 11.032240 **Anfahrt** In Nürnberg mit U1 bis Station Eberhardshof oder mit dem Auto auf der Verlängerung der A 73 (Frankenschnellweg) bis Jansenbrücke

**Der Katalog ist da!** »Er ist eine aus dem deutschen und internationalen Wirtschaftsleben nicht mehr wegzudenkende ,Institution'«, schrieb 1991 eine Firmenchronik über den Quelle-Katalog. Nun, man braucht ihn nicht mehr wegzudenken, er ist auch so verschwunden. Trotzdem hatte der Schreiber zu seiner Zeit natürlich recht: Es war ein familiäres Großereignis, wenn zweimal im Jahr der neue Katalog aus Fürth eintraf, ein Monstrum an Papier, mit einer Auflage im zweistelligen Millionenbereich – er brachte es am Ende auf gut bunt gedruckte 1500 Seiten. Begonnen hat er bescheidener, 1927 gründete Gustav Schickedanz sein Versandhaus Quelle,

**Wer nicht so genau hinschaut, könnte meinen, das Tor gehe jeden Moment auf.**

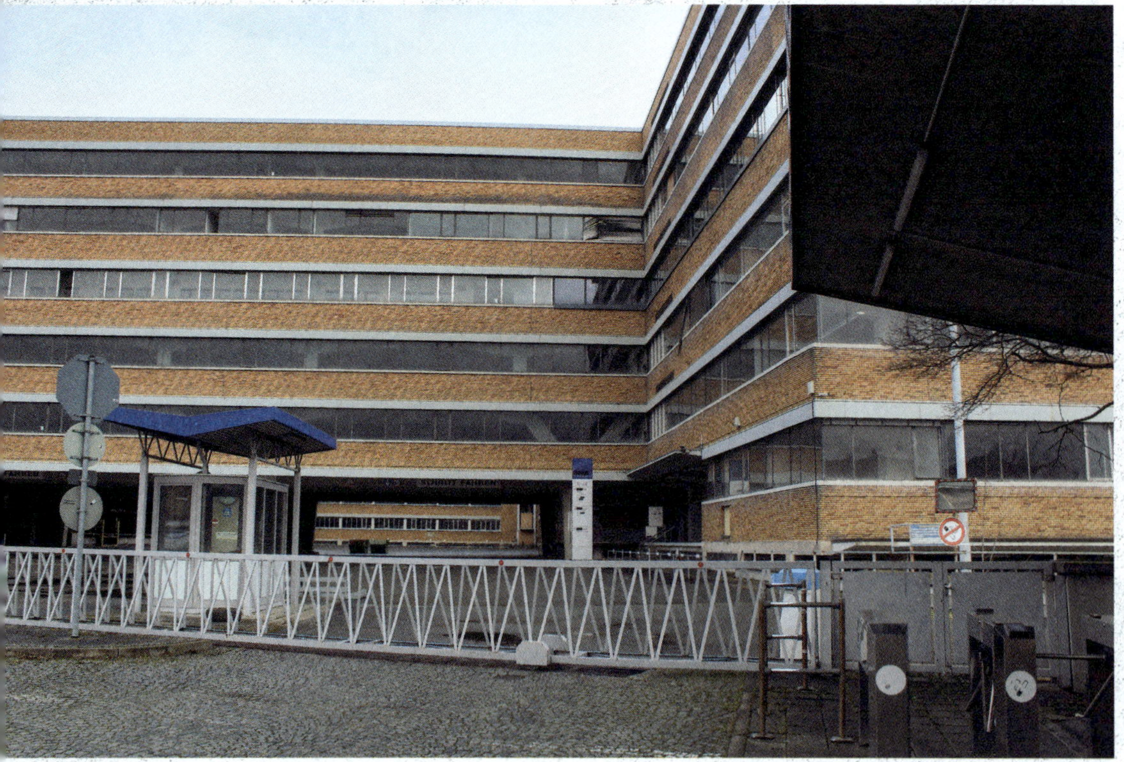

Flattern im Wind: heruntergelassene Rollläden

veranlasst durch eine einfache Idee: Als Grossist konnte er Massenware einkaufen und ohne übliche Zwischenhändler direkt an den Kunden weiterverkaufen, und durch die Menge war es ihm möglich, gute Qualität zu einem niedrigen Preis anzubieten. Das Problem: Damit sich dies lohnte, brauchte er auf Anhieb sehr viele Abnehmer, die noch dazu verlässlich und umgehend zahlten. Der Ausweg: Versandhandel, keine völlig neue Erfindung, aber bisher etwas für Spezialisten. Schickedanz aber wollte die einfache Bevölkerung erreichen, die weit weg von Läden und anderen Einkaufsmöglichkeiten wohnte, aber trotzdem mit alltäglichen Gebrauchsgegenständen versorgt werden sollte. Deshalb verschickte er erstmals 1928/1929 auf gut 80 Seiten seine »Preisliste«, vor allem Kurzwaren, aber auch Seifen, Spiegel und Büroartikel. Der Quelle-Katalog war geboren.

**Fürth wird Weltversandstadt** Die Idee schlug ein, gerade auch wegen der ausbrechenden Weltwirtschaftskrise, nun waren billige Haushaltsartikel erst recht gefragt. Der ursprüngliche Fünfpersonenbetrieb Quelle wurde größer und größer, breitete sich, gut verteilt, in Fürth und dem benachbarten Nürnberg aus. Die Nazis mochten keine Großkaufhäuser und Ähnliches, doch Schickedanz biederte sich früh an, 1932 trat er der Partei bei, profitierte bald von Arisierung im jüdisch geprägten Fürth. Die sprudelnde Quelle wurde auch dadurch größer, dass sie andere Unternehmen übernahm, um den Versand zu garantieren. 1943 wurden die meisten Gebäude bei einem Luftangriff zerstört, der Betrieb ging zurück. Die amerikanische Besatzungsmacht beschlagnahmte die restlichen Gebäude, Schickedanz erhielt Berufsverbot. In äußerst bescheidenem Maße wurde nun der Handel wiederaufgenommen, offiziell unter Leitung von Grete Schickedanz. Doch die aufblühende Wirtschaftswunderrepublik war genau das richtige Betätigungsfeld für den Unternehmer, über dessen Vergangenheit man bald hinwegsah. Mit den 1950er Jahren begann der scheinbar unaufhaltsame Aufstieg des Quelle-Imperiums. 1954 erschien der Katalog in neuer Form: Bereits erweitert um Mode und zahlreiche Haushaltsgegenstände, war er nun ein halbes Jahr gültig, bis das nächste Exemplar eintraf. Was nun folgte, war ein Mehr und Mehr: Vergrößerung ins Ausland, Kauf weiterer Unternehmen von der Brauerei bis zur Papierfabrik, das Anbieten zahlreicher Dienstleistungen wie etwa eines Technikerdienstes, 24-Stunden-Telefon-Kundenservice, dazu Versicherungen, Reisen. Es wurden in den Städten Quelle-Kaufhäuser errichtet, in kleineren Orten

Annahmezentren. Im Katalog konnten Mofas, Garagen, Skier und sogar Fertighäuser bestellt werden. Mit dem Fall der Mauer wurde das Geschäft nur noch größer. In Leipzig errichtete man am Flughafen ein riesiges modernes Versandzentrum – und auch das neue Internet erkannte man früh als neue Vertriebsform.

**Wenig ist geblieben** Und trotzdem ging dann bekanntlich alles ganz schnell. 1999 fusionierte man zur KarstadtQuelle, damit war Fürth raus – Firmensitz wurde Essen. Das Management schaffte es, innerhalb weniger Jahre enorme Schulden anzuhäufen, in Erinnerung der versuchten Rettungsmaßnahmen blieb lediglich die Um-

**Das Bild lässt die riesigen Dimensionen des gesamten Baues erahnen.**

Der Quelleturm links beweist, dass man schon im Internetzeitalter angekommen war.

benennung des Konzerns in Arcandor. 2009 kam das Ende, Kredite blieben aus, Bürgschaften wurden verweigert, die Quelle wurde abgewickelt – tausende Arbeitsplätze in Fürth und Nürnberg gingen verloren. Das Verschwinden der kleinen Quelle-Filialen in den Ortschaften konnte sozusagen jeder mitansehen, andere Ausmaße hatte dies am ehemaligen Hauptsitz. Die zahlreichen Immobilien des Konzerns verteilten sich, wie erwähnt, über das gesamte Stadtgebiet, vom firmeneigenen Kindergarten bis zu edlen Verwaltungsbauten, Ähnliches galt für Nürnberg. Manches erhielt schnell eine neue Verwendung – etwa die Verwaltung in den schmucken Gründerzeitbauten in der Nürnberger Str. 56/58 in Fürth –, anderes wurde zum Menetekel der Pleite.

Dazu gehört das von 1954 bis 1966 errichtete und immer wieder erweiterte Versandzentrum an der Fürther Straße im Nürnberger Stadtteil Eberhardshof. Bei Inbetriebnahme war dies die modernste Anlage ihrer Art – in der gesamten westlichen Welt, wie man stolz verkündete. Kein Wunder: Auf dem riesigen Areal musste schließlich der millionenfache Versand an Waren erfolgen, den der Konzern mit seinen Milliardenumsätzen zu bewältigen hatte. Selbst jetzt, im Zustand schleichenden Verfalls, beeindruckt der Bau noch immer durch seine schiere Größe. Die naturgemäß gleichzeitig nun das größte Problem ist. Anschlussverwendungen erwiesen sich als wenig dauerhaft, nutzten oft auch nur einen Bruchteil des Geländes, trotz der guten Lage quasi zwischen den beiden Großstädten, bestens erreichbar mit eigener U-Bahn-Station und nah am »Frankenschnellweg«. Wer den Komplex einmal umrundet, sieht jedoch überall das gleiche Bild hinter dem Sperrzaun: beginnender Bewuchs, Sprünge in den Fassaden, im Wind flatternde Rollläden. Einerseits scheint das Gelände wie erst gestern verlassen, andererseits wird der Zustand mit jedem neuen Tag ein bisschen schlechter. Pläne gibt es viele, umgesetzt wurde bislang keiner. Leider kann man keine Ideen bei Quelle bestellen – als kleinen Onlinehandel gibt es sie nämlich noch, dem Namen nach.

## Das besondere Erlebnis

Im Gewölbekeller des Rathauses – Eingang Brandenburger Straße – logiert das Fürther Kriminalmuseum. In den thematisch meist nach Verbrechensart angeordneten Räumen werden historische Fürther Fälle aus den letzten 200 Jahren, moderne Methoden der Polizei- und der Kriminaltechnik, aber auch Hinweise zur Prävention geboten. Und zwar von erfahrenen Fachleuten – denn die Leitung und auch die Präsentation liegen in den Händen früherer Fürther Größen aus Justiz und Polizei, vom Oberstaatsanwalt bis zum ehemaligen Polizeichef. Öffnungszeiten April bis September Sonntag 13 bis 18 Uhr, Oktober bis März Sonntag 13 bis 17 Uhr. *www.kriminalmuseum-fuerth.de*

Für die schmucken Bauten der Verwaltung in Fürth fanden sich schnell Nachmieter.

# 8 Das zerstörte Karussell

## Die Steinachtalbahn

**Eine komplette Rundreise mit der Bahn durch den Landkreis Coburg – das klappte mit der Steinachtalbahn. Bis 1945.**

Fürth am Berg (Stadt Neustadt bei Coburg), Landkreis Coburg, Oberfranken **Ort** Am Lindenbach, 96465 Neustadt bei Coburg **GPS** 50.280612, 11.166427 **Anfahrt** Mit der Bahn nach Neustadt bei Coburg (RE Nürnberg–Sonneberg) oder mit dem Auto auf der A 73, Ausfahrt Rödental

**Schwierige Anfänge** 3793 Meter, so haben Bahnexperten ausgerechnet, brachen der Bahnstrecke durch das Steinachtal (nicht zu verwechseln mit dem Steinachtal aus Kapitel 30), insgesamt gut 30 Kilometer lang, sozusagen das Genick. Schon die Planungen, die kurz vor 1900 begonnen, erwiesen sich als kontrovers. Allerlei Schwierigkeiten standen einer schnellen Durchführung des Projektes im Weg, darunter vor allem die geografische Lage, denn die Strecke berührte zu jener Zeit noch drei verschiedene Länder. Zwar lag der Hauptteil im Herzogtum Sachsen-Coburg und Gotha, doch je nach Trasse würde jeweils die Grenze zu Meiningen und – bezog man Mitwitz ein – zu Bayern überquert werden. Hinzu kam die Rivalität der Städte Sonneberg und Neustadt, die sich jeweils als Endstation der neuen Linie sahen. So geschah erst mal nur wenig. Auf rein coburgischem Gebiet wurde lediglich 1901 ein kurzer Streckenabschnitt von Ebersdorf nach Weidhausen eröffnet. Diskussionen und Intrigen, Bittgesuche und Bewerbungsschreiben folgten. Sonneberg handelte schnell und sicherte sich eine Verbindung zu den Kohlegebieten von Stockheim (siehe 23). Neustadt schlug unter Führung seines mächtigen Reichstagsabgeordneten, des Fabrikbesitzers Max Oskar Arnold zurück, indem die Stadt schließlich als Endpunkt der Steinachtalbahn festgelegt wurde. Das bayerische Gebiet wurde nun zwar umfahren, aber ein Stückchen des Meininger Territoriums durchkreuzt – die später noch ausschlaggebenden 3793 Meter.

**Es fängt an und hört auf** 1913 rückten die Arbeiter endlich an, der Bau der Bahn durch das sumpfige Steinachtal wurde begonnen und das östliche Coburger Hinterland – eine ärmliche Gegend – an die Außenwelt angeschlossen. Nach Verzögerungen durch den Ersten Weltkrieg war es im Herbst 1920 dann so weit: Der erste Zug rollte von Sonneberg nach Neustadt und von dort auf die neue Strecke. Es gab keine unterschiedlichen Länderbahnen mehr, sondern nur noch die Deutsche Reichsbahn, und Coburg war inzwischen durch Volksabstimmung bayerisch geworden. Ein Bahnhof der »Karussellbahn«, so genannt wegen ihrer Ringform, befand sich jedoch in Thüringen, die Station Heubisch-Mupperg. Für das Tal, in dem sich verstärkt Industrie ansiedelte, war die neue Eisenbahnverbindung ein Segen, in den 1920er und 1930er Jahren erlebten Güter- und Personenverkehr ihre beste Zeit. Selbst den Zweiten Weltkrieg überstand die Strecke ohne größere Schäden, im Mai 1945 wurde der

**Wurde plötzlich Endstation wenige Meter vor der Zonengrenze: der Bahnhof Fürth am Berg.**

Eine noch erhaltene Brücke der Strecke

Betrieb wiederaufgenommen. Für wenige Wochen. Schon Anfang Juli stoppte die nach Thüringen eingerückte Rote Armee den täglichen »Milchzug«, weitere Durchfahrten wurden untersagt. Die Ringbahn war durchschnitten, ihr fehlten die knapp 3,8 Kilometer auf thüringischem Gebiet. Im Norden verblieben nur gut drei Kilometer, im Süden endeten die Fahrten nun in Fürth am Berg in Sichtweite der Zonengrenze. Verhandlungen mit den östlichen Besatzungsbehörden und der DDR-Regierung blieben trotz Wohlwollens sogar der DDR-Reichsbahn erfolglos. Um jeglicher weiterer Diskussion buchstäblich den Boden zu entziehen, ließ die Ost-Führung 1954 die Gleise auf ihrem Staatsgebiet kurzerhand komplett entfernen.

**Das Dahinsiechen der Restbahn** Eine neu verlegte »Umgehung« wäre nur unter enormen Kosten realisierbar gewesen und so blieb der Ring zerbrochen. Der Nordteil wurde zum Industriegleis degradiert, im Süden verkehrten Personenzüge nur noch bis Fürth am Berg, doch schon 1975 das letzte Mal. Der Güterverkehr auf dieser Strecke wurde zunehmend ausgedünnt, die Bedienung der Strecke im Abstand von einigen Jahren jedes Mal um einige Kilometer verkürzt. Stück für Stück wurde gewissermaßen abgeknapst, selbst der Mauerfall rettete das Rest-Karussell nicht mehr: 1992 wurde auch der Güterverkehr auf dem verbliebenen Stück Ebersdorf–Hof/Steinach aufgegeben. Die zerstückelte Ringbahn war nun endgültig Geschichte. Während die Gleise entfernt wurden, blieb das Übliche: ein Bahndamm in der Landschaft, teils als Fuß- und Radweg genutzt, im Ostteil oft nah an der Landesgrenze entlang, dazu einige wenige Brücken. Immer noch recht schmuck sind die teils erhaltenen Bahnhöfe, auf dem Vorkriegsteilstück bis Weidhausen im kaiserzeitlichen Backsteinstil (etwa in Sonnefeld), an der Nachkriegstrasse in einem eigentümlichen Heimatstildesign mit Fachwerk – unser Ausflugsziel in Fürth am Berg ist ein hervorragendes Beispiel dafür. Seit den 2000ern lebt das alte Teilstück von Ebersdorf bis Fürth übrigens wieder auf, mitsamt Vollbetrieb, allerdings nur als Modell. Coburger Eisenbahnfreunde haben die Karussellbahn mit liebevollen Details als Großmodell wieder nachgebaut – das aufwendige Liebhaberprojekt wird gerne auf Ausstellungen gezeigt und ruft unter Laien und Fachleuten stets Bewunderung hervor.

**Hier ging es zum Bahnsteig Fürth am Berg. Die Gleise sind längst verschwunden.**

## Das besondere Erlebnis

Wer am alten Bahnhof von Fürth am Berg steht, dem fallen zwei Wegweiser auf: Einer weist nach Kaulsroth, einem früheren Gehöft, der andere nach Liebau, einem Dorf, beide einst in Thüringen gelegen und heute verschwunden. Kaulsroth wurde bereits 1960 verlassen, 1962 beseitigt, das Dörfchen Liebau, das immerhin an die 25 Anwesen umfasste, verließen die meisten Bewohner schon 1952 fluchtartig über die nur wenige Hundert Meter entfernte bayerische Grenze. Ein Wiederansiedlungsversuch der DDR-Regierung mitsamt LPG scheiterte und führte schließlich 1975 zur Räumung und kompletten Einebnung des Ortes. Wie vom Regime gewünscht, verödete das grenznahe Sperrgebiet. Heute erinnert eine kleine Gedenkstätte an das jahrhundertealte und jetzt verschwundene Dorf Liebau.

# 9 Ein Ort mit großer Ausstrahlung

## Uranbergwerk Großschloppen

**Uran aus heimischer Quelle – davon träumten die Bundesrepublik und der Freistaat Bayern im beschaulichen Großschloppen.**

Großschloppen (Stadt Kirchenlamitz), Landkreis Wunsiedel, Oberfranken **Ort** Östlich von Großschloppen, 95158 Kirchenlamitz **GPS** 50.13303,11.94688 **Anfahrt** Mit der Bahn nach Kirchenlamitz-Ost bzw. Marktleuthen (RB Hof–Marktredwitz) oder mit dem Auto auf der A 93, Ausfahrt Selb-West (via Kirchenlamitz)

**Das neue Gold** Theodor Fontane (siehe 28) beschrieb das »grünblaue, sagenreiche Fichtelgebirge« recht zutreffend: »Es ist ein armes Land, von einem verarmten Volk bewohnt, das in den dichten Wäldern Baumpech auskratzt, Holz fällt, harte Granitblöcke zerschlägt, Kohlen oder Wagenschmiere brennt, aber dabei träumt und singt von verborgenen Schätzen. Gold, so heißt es, birgt der Fichtelberg in seinen Tiefen.« Wie es sich für einen Schriftsteller seines Ranges gehört, war Fontane ein gut informierter Beobachter, sowohl was seine Schilderung des kärglichen Lebens der Fichtelgebirgsbewohner als auch ihrer Sehnsüchte angeht – und so ganz vermessen war die Hoffnung auf Gold ja nicht, tatsächlich gab es in einigen Gegenden der Region Goldabbau. Noch mehr drückte sich jedoch dieser Wunsch in den zahlreichen Sagen aus, von denen der Gast aus dem Norden offenkundig gehört hatte: Armen Menschen werden urplötzlich Schätze zuteil – die sie allerdings oft auch gleich wieder verlieren. Unser Tipp: An bestimmten Tagen soll sich für die Dauer der Predigt des Kirchenlamitzer Pfarrers ein großer Goldschatz zeigen. Nun, die Bundesrepublik der Nachkriegszeit verlegte sich im Fichtelgebirge auf eine ihrer Meinung nach lohnenswertere Suche: nach Uran, das für die Atomindustrie genutzt werden konnte.

Blick auf Kirchenlamitz. Nicht weit entfernt lag die »Grube Christa«.

**Uranabbau im Fichtelgebirge** Zwar hatte man schon damals Angst vor Atomwaffen, doch die sogenannte zivile Nutzung schien in den 1950er Jahren geradezu ein Allheilmittel der Energieversorgung. Auch die Bayerische Staatsregierung unterstützte dies – obwohl die Alliierten die deutsche Atomforschung äußerst skeptisch beäugten. So errichtete man in Weißenstadt vordergründig ein »Zinnerzbergwerk«, geleitet vom Flick-Konzern, tatsächlich stand Uranabbau auf dem Plan, denn das Vorhandensein von Radon und Uran im Fichtelgebirge war weithin bekannt. Obwohl die Tarnung bereits 1956 aufflog, blieb das Bergwerk, die Grube Werra, von der un-

**Ortsweiher Niederlamitz. Die Gewässer um die Städte Kirchenlamitz und Marktleuthen wiesen erhöhte Strahlungswerte auf.**

ter anderem der Forschungsreaktor in Garching beliefert wurde, bis 1990 geöffnet – mehr über die Geschichte erfährt man heute im anschließend eingerichteten Weißenstädter Besucherbergwerk. Uran aber gab und gibt es auch an anderen Orten der Region und so rückten 1978 im kleinen Großschloppen große Baufahrzeuge an, um dort eine weitere Lagerstätte auszubeuten.

Alter Kellereingang in Großschloppen. Berühmt ist das Dorf nämlich für seine weitaus ungefährlicheren Kartoffeln.

**Die Strahlkraft von Großschloppen** Pechblende, wissenschaftlich Uraninit, tritt nahe Großschloppen teils sogar an der Oberfläche zutage, aus ihr lassen sich die für die Industrie wertvollen Isotope U-235 und U-238 gewinnen. Die ersten Proben hatten gezeigt, dass die Vorkommen reichhaltig und somit nutzbar waren und man ging nun daran, Stollen zu bohren, die teils bis knapp 200 Meter in die Tiefe reichten. 1981 rückten Forscher der Hauptabteilung Sicherheit des Kernforschungszentrums Karlsruhe an und nahmen zahlreiche Untersuchungen vor; ihr Bericht erschien 1982 mit dem schönen Titel: »Die Dosisbelastung der Umgebungsbevölkerung durch natürliches und aus einer Uranuntersuchungsgrube emittiertes Ra-226 und Pb-210 – Radioökologische Untersuchung im Raum Großschloppen«, Ra steht hierbei für Radon, Pb für Blei. Das Bergwerk, die Grube Christa, hatte zwar einen lieblichen Namen, aber womöglich waren die Auswirkungen des Abbaus für die dort lebenden Menschen gar nicht so nett? Die Wissenschaftler untersuchten monatelang akribisch Gewässer, Luft, Böden und Lebensmittel in und um Großschloppen. Ihr Befund war eher zwiespältig: Offiziell bekundeten sie, seien die Auswirkungen des Abbaus gering und kaum zu unterscheiden von den durch das natürliche Vorkommen ohnehin etwas erhöhten Werten. Nur in der Grube selbst war wie zu erwarten ein deutlicher Anstieg vorhanden. Rätsel gaben den Forschern allerdings die hohen

Linke Seite
Oben: Erinnerung an die Grubenzeit im Dorf Großschloppen. Eine Lore aus dem Uranbergwerk.
Unten: An der Eger liegt die urige Eckenmühle, von hier kann man zur ehemaligen Grube wandern.

Das Fichtelgebirge: bekannt für einsame Plätze und seine Sagenwelt

Im Nebel auf dem Gipfel des Granitfelsens Epprechtstein: die gleichnamige Ruine

Werte im Trinkwasser der beiden Nachbarstädte Kirchenlamitz und Marktleuthen auf – sie empfahlen weitere Untersuchungen.

**Der Abbau wird gestoppt** Eine weitere groß angelegte Studie, die sich mit möglichst effizienten Wegen der Auslösung des Urans aus dem Gestein befasste, erschien 1988. Da war Atomkraft längst nicht mehr en vogue, die Tschernobylkatastrophe

zwei Jahre zuvor hatte jeglicher Euphorie ein Ende gesetzt. Ein Uranbergwerk in der Nachbarschaft schien nun kaum mehr eine begehrenswerte »Goldgrube«. Ohnehin konnten die Vorkommen und der aufwendige Abbau im Fichtelgebirge nicht mehr mithalten – der Weltmarkt diktierte die Preise, und diese waren niedrig. Zu viel Aufwand bei zu schlechter Stimmung. Die Grube Christa wurde im gleichen Jahr aufgegeben. Heute ist über das Kapitel nicht nur Gras, sondern ein ganzes Wäldchen gewachsen, nur Kenner wissen noch um den Standort des einstigen Uranbergwerks am Wanderweg von Großschloppen nach Raumetengrün. Im Ort wird die Erinnerung allerdings noch wach gehalten, eine Lore ziert die Dorfmitte nahe am Kartoffelmuseum. Wer dagegen gesunde Strahlung erleben möchte, der kann die Radonbäder von Weißenstadt oder Fichtelberg besuchen; wer sich für den von Fontane beschriebenen Granitabbau interessiert, findet gleich bei Großschloppen mit dem Steinlabyrinth und dem Epprechtstein anschauliche Ausflugsziele – und über dem Land wacht dann noch die Ruine Epprechtstein: Wer dort hochsteigt, hat einen wunderbaren Rundumblick in das strahlende Fichtelgebirge.

## Das besondere Erlebnis

Es ist sicher doch besser, sich auf die Suche nach Gold als nach Uran zu begeben. Wer das will, kann dies noch immer tun: Im verheißungsvollen Goldkronach gibt es nicht nur ein Goldbergbaumuseum in einem hübschen alten Gebäude, sondern auch zwei im Sommer geöffnete Besucherbergwerke – sie führen in die Tiefe des Goldberges. In Sonderveranstaltungen kann man dann auch selbst sein Glück versuchen, zum Beispiel beim Goldwaschen. *www.goldbergbaumuseum.de*

**Unterhalb der Ruine liegen mehrere aufgegebene Granitsteinbrüche.**

# 10 Hier starb ein Gespenst

## Die Marter der Weißen Frau

Sie ist eines der berühmtesten Gespenster Deutschlands: die Weiße Frau. Am Ort ihres Todes steht eine verwitterte gotische Marter.

Himmelkron, Landkreis Kulmbach, Oberfranken **Ort** Staatsstraße 2182, Trebgast-Himmelkron **GPS** 50.07033,11.57155 **Anfahrt** Mit der Bahn nach Trebgast bzw. Neuenmarkt-Wirsberg (RE/RB Bayreuth–Bamberg) oder mit dem Auto auf der A 9, Ausfahrt Himmelkron

**Die Ritterkapelle im ehemaligen Kloster Himmelkron**

**Wer war die kindermordende Dame?** Die Weiße Frau, das »Hausgespenst« der Hohenzollern, ist weitbekannt – aber wer war sie eigentlich? Das herauszufinden, ist gar nicht so einfach. Die Legende erzählt die Geschichte so: Kunigunde von Orlamünde, früh verwitwet, hörte vom Interesse des Nürnberger Burggrafen Albrecht mit dem vielversprechenden Beinamen »der Schöne« an ihrer Person. Allerdings hatte er einen Einwand: »Vier Augen stehen zwischen uns.« Kunigunde schloss daraus auf ihre beiden Kinder aus erster Ehe und brachte diese recht unschön mit Nadelstichen ins Gehirn um. Doch Albrecht wandte sich entsetzt ab, er hatte seine Eltern gemeint. Kunigunde pilgerte sodann nach Rom, um sich Absolution beim Papst zu holen, die dieser mit einer Auflage gewährte: Kunigunde solle ein Kloster stiften und selbst in dieses eintreten. Sie gründete das Kloster Himmelkron und rutschte von ihrem Wohnsitz, der Plassenburg über Kulmbach, auf Knien zu ihrer Stiftung. Doch kurz vor Erreichen des Zieles verstarb sie an der Stelle, an der sich heute die

**Die Marter der Weißen Frau. Ihre Verwitterung schreitet leider fort.**

Der spätgotische Kreuzgang ist für seinen Schmuck berühmt. Einer der Markgrafen ließ ihn zu 3/4 zerstören.

Marter befindet. Kunigunde aber zeigt sich auf den Schlössern der Hohenzollern, den Nachfahren des Burggrafen Albrecht, um ein bevorstehendes Unglück anzuzeigen. Sie erschien auf der Plassenburg, in Ansbach, in Berlin und Rudolstadt, auch mit der Burg Lauenstein (siehe 17) wird sie in Verbindung gebracht.

**Der Hintergrund** Soweit die Legende, die seit dem 16. Jahrhundert weite Verbreitung fand. Ein näherer Blick sorgt bald für reichlich Verwirrung. Kunigunde von Orlamünde (ca. 1303–1382) war eine real existierende Person, ebenso der Burggraf Albrecht der Schöne (1319-1361). Witwe war Kunigunde nach dem Tod ihres Gatten Otto, gestorben 1340, auch. Und sie verbrachte ihre letzten Lebensjahre im Kloster. Leider war es das auch schon mit den Übereinstimmungen. Kunigunde hatte aus erster Ehe keine Kinder und gründete nicht das Kloster Himmel*kron* – es existierte bereits seit 1279 –, sondern Himmel*thron*, erst in Nürnberg, dann nach Großgründlach bei Erlangen verlegt, in das sie eintrat und Äbtissin wurde. Ihr Grabstein ist dort noch vorhanden. Es sind überhaupt die Grabsteine, die vermutlich einiges zur Legendenbildung beigetragen haben. Ein Besuch im Kloster Himmelkron lohnt sich ohnehin, aber wer der Weißen Frau auf die Spur kommen möchte, sollte sich die dortigen Grabmäler im Innern der früheren Konventkirche genauer ansehen. So manches von ihnen wurde als »Weiße Frau« gedeutet, selbst das von männlichen Verstorbenen. Die Geschichte zu belegen schien ein Grabstein mit zwei Putten, die man als zwei kleine Kinder interpretierte – die beiden von Kunigunde Getöteten. Hinzu kam, dass wohl bis zur Reformation im Kloster, das einst am Tag der »Unschuldigen

Inschrift der baufreudigen Äbtissin Magdalena von Wirsberg (1499–1522)

Mancher hielt auch dies für das Grab der Weißen Frau – obwohl es einen männlichen Adligen zeigt.

Kinder« (28.12.) gegründet worden war, die Reliquien von zwei aus Jerusalem hergebrachten Kindern verehrt wurden – ein nicht ungewöhnlicher Brauch. Quellen versichern das Vorhandensein dieses leicht bizarren Andachtsgegenstandes noch im 17. Jahrhundert. All das miteinander verknüpft, führte wohl zur Legende der Weißen Frau. Gab es Kritik, etwa dass der junge 21-jährige Albrecht aus dem aufstrebenden Geschlecht der Nürnberger Burggrafen doch kaum der 37-jährigen Witwe aus dem absteigenden Geschlecht der Orlamünde verfallen sein dürfte, behalf man sich auch gern mit Ausweichpersönlichkeiten – so gerieten einige adlige Damen in den unschönen Verdacht, die kindsmordende Weiße Frau gewesen zu sein.

**Die Marter am Wegesrand** Sie liegt ziemlich ungünstig neben der Kurve einer viel befahrenen Landstraße, zu Fuß nur schwer und mit viel Vorsicht erreichbar, die wohl wertvollste Marter des Landkreises Kulmbach. Auch sonst geht es ihr nicht gut, das eindeutig spätgotische, aufwendige Steindenkmal ist stark verwittert, die Reliefs sind kaum noch erkennbar, teils selbst schon zu Rätseln geworden. Dabei ist das Ensemble sehr einprägsam: Neben der hoch aufragenden Marter in der Mitte steht rechts ein mittelalterliches Sühnekreuz, links eine bemooste, umwucherte Steinbank späterer Tage. Dies unterstreicht natürlich den leicht unheimlichen Eindruck, der sich mit dem Wissen einstellt, hier sei die Weiße Frau auf ihren blutigen Knien, schon mit Blick auf das nahe Kloster Himmelkron, reumütig verschieden – dass dies alles wie gezeigt nicht sehr plausibel ist, muss man einfach kurz ausblenden. Vermutlich ist es wie mit den Grabmälern in der nahen Klosterkirche, die Menschen konnten sich den Anlass für die Aufstellung dieser sehr schönen und nicht alltäglichen Marter an ungewohnter Stelle nicht mehr recht deuten und brachten sie so mit der Weißen Frau in Verbindung. Hoffen wir, dass die berühmte Dame etwas für den Erhalt dieses bedrohten Kunstwerks tun kann.

Steinbank bei der Marter, ein bemoostes Herbstidyll

## Das besondere Erlebnis

Sie müssen ihn nicht auf Knien entlangrutschen, aber Sie können den Weg der Weißen Frau von der Plassenburg zum Kloster Himmelkron gut erwandern – mit einem blauen M ist er bestens ausgeschildert, denn es handelt sich um einen Teil des Mainwanderweges von der Quelle bis zur Mündung. Auf der 18 Kilometer langen Strecke warten neben den beiden äußerst sehenswerten Ausgangspunkten Plassenburg und Kloster Himmelkron noch der hübsche Fachwerkweiler Waizendorf und die historische Baille-Maille-Allee vor Himmelkron, wo sie wie einst die Bayreuther Markgrafen gemütlich lustwandeln können. *www.die-lindenallee.de*

Kloster Himmelkron

# 11 Endstation

## Die Bahnlokschuppen Hof und Bamberg

**Sie waren einst der technische Stolz der Bahnbetriebswerke, heute sind sie Ruinen, die selbst der Denkmalschutz aufgegeben hat.**

Hof, Stadt Hof, Oberfranken **Ort** Bahnhofstr. 10/12, 95028 Hof **GPS** 50.31124,11.91561
**Anfahrt** Mit der Bahn nach Hof (RE nach München, Nürnberg, Leipzig, Dresden, Chemnitz und Cheb (CZ) oder mit dem Auto auf der A 72 (Ausfahrt Hof-Töpen) und A 93 (Hof-Ost)
Bamberg, Stadt Bamberg, Oberfranken **Ort** Gundelsheimer Straße 14, 96052 Bamberg **GPS** 49.908112, 10.892042 **Anfahrt** Mit der Bahn nach Bamberg (München–Nürnberg–Berlin sowie Frankfurt–Würzburg–Bamberg; ICE, RE- und S-Bahn) oder mit dem Auto auf der A 70, Ausfahrt Hallstadt, oder A 73, Ausfahrt Bamberg-Ost

**Aufbruch ins Eisenbahnzeitalter** Der Erfolg der ersten deutschen Eisenbahn, dem berühmten »Adler« zwischen Nürnberg und Fürth 1835, überzeugte letztlich auch König Ludwig I. von der Zukunft der neuen Technik und veranlasste ihn zu dem ehrgeizigen Projekt einer staatlichen Bahnverbindung diagonal durch das noch junge Königreich. Von Lindau am Bodensee bis Hof an der sächsischen Grenze sollte die Strecke führen. Dank der Ludwig-Nord-Süd-Bahn kam Bamberg so 1844 zu seinem Bahnhof. Da auf dem restlichen Teilstück die Schiefe Ebene, der Übergang hoch in den Frankenwald, überwunden werden musste – eine technische Herausforderung, die auf beeindruckende Weise gelöst wurde –, dauerte es noch ein paar Jahre, bis man schließlich von der Domstadt aus bis hinauf nach Hof fahren konnte. Dort wurde schließlich 1848 der Bahnhof – damals noch mitten in der Stadt – eingeweiht. Beide Orte entwickelten sich zu Knoten- und Versorgungspunkten der wichtigen Verbindung, weshalb sie neben den großzügigen Bahnhöfen bald auch große Bahnbetriebswerke erhielten, charakterisiert durch die typischen Ringlokschuppen, halb-

**Letzte Reste des letzten Lokschuppens in Hof**

Und auch in Bamberg sieht es nicht viel besser aus.

kreisförmige Hallen, in die dank einer vorgelagerten Drehscheibe die zu reparierenden Lokomotiven platzsparend hineingefahren werden konnten.

**Doppelt hält auch nicht besser** Schon früh, 1865, war eine Bahnwerkstatt in Bamberg errichtet worden, die heutige Anlage an der Gundelsheimer Straße wurde allerdings erst 1901 hierher verlegt und der erste Ringlokschuppen gebaut – er konnte 21 Zugmaschinen aufnehmen, seine Drehscheibe hatte 20, später 23 Meter Durchmesser. Zahlreiche weitere Gebäude kamen hinzu, Werkstätten, Verwaltung, ein Übernachtungshaus für Eisenbahner, alles im einheitlichen Backsteinstil der Kaiserzeit. So auch der bald nötig gewordene zweite Ringlokschuppen, 1904 an seinen Zwilling angebaut und fortan nüchtern »Maschinenhaus 2« genannt. Der Zweite Weltkrieg brachte manche Veränderung: Das E-Lok-Zeitalter brach an, die gesamte Anlage sollte zu einem riesigen Rangierbahnhof erweitert werden. Daraus wurde nichts, immerhin blieb das Bahnbetriebswerk von Kriegsschäden verschont, die 1950er Jahre brachten Dieselloks nach Bamberg. Damit kündigte sich aber auch schon leise das Ende der Dampflokära und schleichend des Bamberger Werks an. Mit dem Ende der Dampflokzeit 1975 begann die fortschreitende Verlagerung von Bamberger Aufgaben nach Lichtenfels und Hof, 1984 wurde man herabgestuft zum Stützpunkt für Lichtenfels, in die Ringlokschuppen zogen zwischenzeitlich Liebhabermuseumsstücke. Ab 1995 waren schließlich alle noch für den Bahnbetrieb not-

Die Bahnvergangenheit vergammelt direkt neben der Bahnzukunft an der ICE-Schnellstrecke München–Berlin.

wendigen Aufgaben ausgelagert, das Bahnbetriebswerk Bamberg stand leer. Eine Nachnutzung konnte nur für die wenigsten Gebäude gefunden werden, der Rest verrottet seitdem vor sich hin und ist in äußerst bedenklichem Zustand, allen voran die beiden großen Ringlokschuppen, längst ohne Dach und Fenster, mit teils bereits eingestürzten Mauern. Sie sind ein beliebtes Fotomotiv geworden – kein Wunder, sieht man sie doch sehr gut von den vorbeifahrenden Zügen der neuen Schnellbahnstrecke München–Berlin aus.

**Hof mal zwei** Die Weltöffentlichkeit bemerkte es spätestens im Herbst 1989, aber Hof war schon seit dem Anschluss an die Ludwig-Nord-Süd-Bahn 1848 ein Grenzbahnhof. Dies galt für die alten Gebäude inmitten der Stadt, aber richtig deutlich wurde es für jeden Fahrgast mit dem Neubau am Ortsrand ab 1875. Sowohl das prächtige Hauptgebäude als auch die dazugehörigen technischen Anlagen waren – zumindest in den Anfängen – von eleganter Symmetrie: Im Süden waren die bayerischen, im Norden die sächsischen und insgesamt ganze vier Ringlokschuppen, die auch nötig waren, denn in Hof fanden Lokomotivwechsel statt und jedes Land hatte seine eigenen Modelle. Auf dem Eingangsgebäude prangten das bayerische und das sächsische Wappen, in der Mitte war der edle Königssalon den Monarchen beider Länder vorbehalten – heute die Fahrgasthalle mit noch immer royaler Ausstattung. Als Knotenpunkt rangierte Hof bald hinter München, Nürnberg und Würzburg auf

Platz vier der bayerischen Bahnhöfe. Die Weimarer Republik brachte dann mit der Auflösung der Länderbahnen und Gründung der einheitlichen Deutschen Reichsbahn die Zusammenlegung der Bahnbetriebswerke, Schuppen 1 und 2, einst bayerisch, wurden mit Schuppen 3 und 4, einst sächsisch, vereint. Bei einem Luftangriff am Ende des Zweiten Weltkrieges wurden alle vier stark beschädigt, jedoch wiederaufgebaut.

**Der Letzte seiner Art** Der Eiserne Vorhang machte Hof nicht zum Kopfbahnhof, sondern er diente für Transitzüge in Richtung DDR und Tschechien, doch naturgemäß wurde der Betrieb weniger. In den 1970er Jahren war Hof beliebter Treff für Nostalgieliebhaber, denn bis 1975 verkehrten hier noch vereinzelt regulär Dampflokzüge, mit ihrem Ausscheiden endete auch die Zeit der Ringlokschuppen. Die südlichen wurden komplett abgerissen und durch das noch existierende moderne Bahnbetriebswerk ersetzt, von den nördlichen fiel Schuppen 4 der Spitzhacke zum Opfer, Nummer 3 durfte noch ein wenig weiterexistieren, bezeichnenderweise als Busgarage. Als die Prager DDR-Flüchtlinge 1989 einfuhren, konnten sie ihn noch einigermaßen intakt sehen, doch danach ging es rapide bergab. Heute steht das Gebäude dachlos, eingewachsen und abgesperrt in trauriger Nachbarschaft zu ande-

**Hof: Die Güterwagen mit Paketpost könnten direkt in das Gebäude einfahren.**

ren verlassenen Bauten des alten Bahnbetriebswerks. Und nicht nur diesen geht es schlecht: Zwischen Bahnhofsgebäude und Lokschuppenruine erstreckt sich der lange Bau der ehemaligen Post, in beeindruckender Architektur der Neuen Sachlichkeit 1925 errichtet. Die anschließende große Halle, in der die Züge zur Paketverladung einfahren konnten, verrottet heute trist vor sich hin, ebenso wenig vom Denkmalschutz bewahrt wie ihre Kollegen von der Bahn.

## Das besondere Erlebnis

An den Endstationen in Hof und Bamberg ist er nur noch Ruine, aber dazwischen am Bahnknotenpunkt Neuenmarkt-Wirsberg steht er noch: der Ringlokschuppen. Und nicht nur das, als Teil des Deutschen Dampflokomotiv Museums in Neuenmarkt ist er sozusagen sogar noch in Betrieb und gut gefüllt mit historischen Zügen verschiedenster Bauart. Auf dem weiten Museumsgelände findet sich alles rund um die Eisenbahn, spannend aufbereitet für junge LokführerInnen, für TechnikexpertInnen, BahnliebhaberInnen oder einfach Neugierige. Drum herum gibt es viel Programm, Schauvorführungen, Sonderfahrten, Essen im Speisewagen oder sogar Hochzeitsfeiern im Lokschuppen. Zudem führt vom Museum ein informativer Wanderweg entlang der Schiefen Ebene nach Marktschorgast (9 km). *www.dampflokmuseum.de*

**Die Postgebäude erleiden ein ähnlich tristes Schicksal wie die »Kollegen« von der Bahn.**

# 12 Balthasar Neumanns Albtraum

## Gut Hummendorf

**Am Bau des Rittergutes Hummendorf wirkte der berühmte Baumeister mit – dessen heutiger Zustand dürfte ihm nicht gefallen.**

Hummendorf (Gemeinde Untersteinach), Landkreis Kulmbach, Oberfranken **Ort** Hummendorf 1, 95369 Untersteinach **GPS** 50.14462,11.51865 **Anfahrt** Mit der Bahn nach Untersteinach bei Stadtsteinach (RE/RB) oder mit dem Auto auf der A 9, Ausfahrt Himmelkron, B 289 via Ortsmitte von Untersteinach

**Frankens großer Barockbaumeister** Wer ein erfolgreicher Barockarchitekt sein wollte, der musste mehr auf dem Kasten haben als nur das Entwerfen von Schlössern und Klosterkirchen. Neben solchen Prestigeobjekten wurde verlangt, dass man sich auch um Festungsbauten, Gartenanlagen mitsamt Bewässerungsanlagen, Wohnhäuser, Brunnen, Dorfkapellen, Brücken, Innenausstattung und die Komposition von Feuerwerken kümmerte. All das vereinte Balthasar Neumann (1687–1753), der bald zum meistbeschäftigten Baumeister Frankens aufstieg und hier – aber auch im

**Dieses einst stattliche Gutshaus sieht nicht mehr sehr gut aus.**

Rheinland, der Pfalz und am Bodensee – zahlreiche Meisterwerke der Epoche hinterließ, von denen nur die Würzburger Residenz (UNESCO-Weltkulturerbe) und die Wallfahrtskirchen Gößweinstein und Vierzehnheiligen genannt seien. Neumann beherrschte tatsächlich das komplette Know-how eines Barockbaumeisters – und auch, wie wir noch sehen werden, das Erstellen von Gutachten und die Beratung bei nur kleinen Bauvorhaben in der Provinz.

**Dieses Schild ist zwar nicht gerade barock, hat sich dem allgemeinen Zustand aber angepasst.**

**Die Guttenbergs** Sie gehörte zu den typischen Vertretern der fränkischen Reichsritterschaft, die weitverzweigte Familie derer von Guttenberg, die nach der Rückkehr in den Schoß der katholischen Kirche zahlreiche Domherrensitze in den fränkischen Bistümern besetzte. Höhepunkt war das Erreichen des Bischofsstuhls in Würzburg durch Johann Gottfried (1685–1698); erst Jahrhunderte später rückte die noch immer existierende Familie wieder in die Öffentlichkeit, als sie einen Dirigenten und Umweltschützer sowie mit dessen Sohn einen Wirtschafts- und Verteidigungsminister stellte … Um 1700 ging es der Familie in ihrem überschaubaren Stammterritorium um Schloss Guttenberg jedenfalls gut und man verlegte sich darauf, die örtliche Wirtschaft repräsentativ neu zu organisieren, indem man die vorhandenen Rittergüter zu schmucken, barocken Gutshöfen umbauen ließ. So entstanden die drei großen Höfe Hummendorf, Breitenreuth und Streichenreuth, die man schließlich wenige Jahrzehnte später in der Zeit zwischen 1730 und 1750 noch einmal einen Tick herrschaftlicher aus- und umbauen ließ. Das Beste war gerade gut genug, und auch wenn die Kassen zwischenzeitlich knapp waren, fragte man im Architekturbüro

Balthasar Neumanns an – man kannte sich aus Würzburg und Bamberg. Dieser lieferte dann auch Entwürfe, Gutachten und Vorschläge, die umgesetzt wurden, teils durch seinen kongenialen Schüler Johann Jakob Michael Küchel (1703–1769). In Hummendorf wurde das eher schlichte Herrenhaus 1724–1729 unter Beratung Neumanns erweitert und neu ausgestattet und somit erst zum stattlichen Schlösschen im weiten Steinachtal.

**Die besten Zeiten sind vorbei** Kaum fünfzig Jahre nach Neumanns Tod wurde einigen seiner Bauwerke übel mitgespielt, die Säkularisation hatte wenig übrig für Klosterbauten und Wallfahrtskirchen und so verschwanden ganze Klosteranlagen oder wurden verstümmelt, Barock war ohnehin nicht mehr sonderlich angesagt. Den Profanbauten erging es da etwas besser, sie konnten schließlich anderweitig genutzt werden – und die Guttenbergs hatten zudem zwar ihr bescheidenes kleines Herrschaftsgebiet verloren, aber ihre Güter weiterhin in Besitz. Dadurch wurde der Verfall der drei Gutshöfe aber nur bedingt aufgehalten, schließlich war irgendwann auch die Zeit der großen Rittergüter vorbei. Wer heute nach Hummendorf kommt, sieht ein verrammeltes, zugenageltes Herrenhaus mit abbröckelndem Putz und herabfallenden Dachziegeln. Verschiedensten Nutzungen unterzogen, zuletzt als Hüh-

**Links: Der Warnhinweis gilt auch für die direkte Umgebung ... Rechts: ... denn auch die Dachziegel sitzen trotz Auffangkonstruktion inzwischen ziemlich locker.**

Torpfeiler ohne Tor, Nebengebäude ohne Tür – dafür mit Sperrmüllhalde

nerfarm, ist vom einstigen Glanz kaum mehr etwas erkennbar. Das nicht minder stattliche Scheunengebäude steht nicht besser da, sein Gegenstück, ein Stall, ist bereits verschwunden, wodurch der Charakter als Dreiseitenanlage verloren ging. Krumm stehen die originalen Torpfeiler an der Straße. Den beiden Gegenstücken erging es kaum besser: Breitenreuth nahe Guttenberg – der größte der Gutshöfe – ist in etwas besserem Zustand, aber das heißt ja, wie man sieht, wenig – Streichenreuth dagegen traf es noch schlimmer: 1964 wurde das Herrenhaus abgerissen, kurz darauf das barocke Schäferhaus. Der Ort wurde aus dem Denkmalverzeichnis gestrichen. Dort steht Hummendorf noch – aber für wie lange noch?

## Das besondere Erlebnis

Kontrast bietet ein Besuch des Aufseßhöfleins im Norden Bambergs. Der einstige Sommersitz eines Adligen, errichtet in den 1720er Jahren durch Neumanns Zeitgenossen Johann Dientzenhofer, galt nach mehrfachem Besitzer- und Nutzerwechsel bereits als unrettbar abbruchreif. Jahrelang verschwand das Gebäude zukunftslos unter einer aufwendigen Stützkonstruktion, bis sich doch noch neue Besitzer fanden. Heute lockt das preisgekrönt sanierte Barockschlösschen als Veranstaltungsort und kann für Hochzeiten gebucht werden, sogar eine Ferienwohnung ist vorhanden. *www.aufsesshoeflein.de*

# 13 Die spurlos verschwundenen Dörfer

## Kirchheim und Leuchnitz

Warum sind zwei Dörfer plötzlich völlig verschwunden? Und wo genau hatten sie überhaupt gelegen? Die Forschung rätselt bis heute.

Kirchheim, Landkreis Kitzingen, Unterfranken **Ort** Zwischen Hüttenheim (Markt Willanzheim) und Nenzenheim (Stadt Iphofen) GPS 49.646398, 10.269971 (Kirchberg) **Anfahrt** Mit der Bahn nach Iphofen (RE Nürnberg–Würzburg) oder mit dem Auto auf der Staatsstraße 2418 zwischen Hüttenheim und Nenzenheim, nächste Autobahnausfahrt Marktbreit (A 7) zum Kirchberg

Leuchnitz, Landkreis Lichtenfels, Oberfranken **Ort** Burgstall Heideknock, 96260 Weismain-Arnstein **GPS** 50.034788, 11.202235 **Anfahrt** Mit der Bahn nach Burgkunstadt (RE/RB Bamberg–Hof/Bayreuth) oder mit dem Auto auf der A 73 Ausfahrt Lichtenfels, B 289 bis Burgkunstadt über Weismain ins Kleinziegenfelder Tal

**Wüstungen** Sie sind in Franken alles andere als eine Seltenheit: Wüstungen, das heißt Siedlungen, deren Name bekannt ist, die aber irgendwann von den Bewohnern aufgegeben wurden und schließlich verschwanden. Dabei handelt es sich meist um kleine Weiler, Einzel, oft auch Mühlen, Gutshöfe, auch Burgställe und Ruinen zählen dazu; so mancher der in diesem Buch erwähnten Lost Places wird wohl spätestens in einigen Jahrzehnten auch zur Wüstung geworden sein. Gründe dafür: Kriege, Seuchen, wirtschaftliche Not, das Ende des Gewerbes, all dies zwang und zwingt Menschen, ihre Behausungen zu verlassen, die sich die Natur oft schnell und manchmal so gründlich zurückholt, dass wenig bis keine sichtbaren Überbleibsel mehr von ihnen berichten. In Franken gehen die bekannten Wüstungen in die Tausende, jede Region hat ihre Ortschaften, die die Pestwelle, den Hussitensturm, die Hungersnot oder den Dreißigjährigen Krieg nicht überlebt haben und oft nur noch als sogenannte Flurnamen existieren.

**Hoch über dem Tal liegt der Friedhof von Arnstein. Daneben liegt buchstäblich manch alter Grabstein.**

**Kirchheim** 741 wurde auf Veranlassung des heiligen Bonifatius das Bistum Würzburg gegründet, weshalb der Karolinger Karlmann dem frisch gekürten Bischof unter anderem eine »basilicam in honore St. Andree apostoli in villa Kyrchaim« schenkte, also eine »Kirche des heiligen Apostels Andreas im Dorf Kirchheim«. Wie üblich wurde diese Schenkung von späteren Herrschern mehrfach bestätigt, so noch 845 und 889. Mehr erfahren wir zwar über das Dorf nicht, was ganz normal ist für diese nicht unbedingt quellenstarken Zeiten, aber als Kirchort und Sitz einer Pfarrei hatte es zumindest eine gewisse Bedeutung. Erst im Hochmittelalter gibt es wieder Aufzeichnungen, 1114, 1225 und 1231 werden verschiedene Güter getauscht oder verkauft. 1297 dagegen eine etwas seltsame Nachricht: Das Fürstbistum Würzburg verlieh einem Einwohner des benachbarten Ortes Hellmitzheim einige Liegenschaften in Kirchheim. Es ist das letzte Mal, dass wir von dem Dorf hören. In der Urkunde wird es bereits als »in der Pfarrei Einersheim gelegen« bezeichnet, was bedeutet, dass es seinen eigenen Pfarrsitz verloren hat. Forscher vermuten, der Ort habe zu diesem Zeitpunkt schon brach gelegen.

**Nachfolgerin der Pfarrei Leuchnitz? Die Balthasar-Neumann-Kirche in Arnstein**

Bruchstück einer alten Inschrift in der Ummauerung der Kirche Arnstein

Aber warum? Ein verheerender Krieg oder eine große Seuchenwelle sind in jenen Jahren nicht bekannt. Hatte wirtschaftliche Not die gesamte Dorfbevölkerung zur Aufgabe bewegt? Warum dann nicht auch in den Nachbardörfern? In jedem Fall war der Auszug gründlich und von Dauer. Der Name blieb im Gedächtnis – und den Urkunden – erhalten, aber wo dieses Kirchheim einst gestanden hatte, geriet bald in Vergessenheit. Zwei Favoriten bevorzugt die aktuelle Forschung. Da ist der Kirchberg zwischen Nenzenheim und Dornheim, ein sanfter Hügel nahe der einsamen Herrgottsmühle. Die Bezeichnung in Verbund mit Flurnamen und den spärlichen Hinweisen aus der schriftlichen Überlieferung machten den Kirchberg lange Zeit zum wahrscheinlichsten Standpunkt. 1900 durchgeführte Grabungen konnten jedoch keine Belege bringen. Eine andere Tradition sieht Kirchheim näher an Markt Einersheim, im Osten nahe der B8 bei Possenheim. Die Denkmalbehörde bestätigt zwar für beide Standpunkte die Existenz mittelalterlicher Wüstungen, aber ob es sich bei einer um Kirchheim handelt, bleibt offen.

**Leuchnitz** Zu der Zeit, als Kirchheim aus den Urkunden verschwand, wurde das Dorf Leuchnitz auf dem Fränkischen Jura bei Weismain erst richtig fassbar. Zwar gibt es bereits seit 1017 Hinweise auf ein Adelsgeschlecht derer von Leuchnitz, deren Burg wohl hoch über dem Kleinziegenfelder Tal stand; ein größerer Ort wurde jedoch erst 1360 schriftlich erwähnt. Dass er zu diesem Zeitpunkt schon länger existierte, steht außer Frage, schließlich werden nicht nur die Beilegung von Streitigkeiten über Güter zwischen ortsansässigen Adligen erwähnt, sondern namentlich auch ein Pfarrer und zahlreiche Nachbarorte, sodass sich die ungefähre Lage des Dorfes eingrenzen lässt. 1430 zahlt die Leuchnitzer Pfarrei Hussitensteuer, einen Beitrag zum Wiederaufbau nach den Kriegsverheerungen. Hieraus lässt sich zweierlei ablesen: Erstens hatte der Ort die Katastrophe selbst halbwegs gut überstanden, zweitens zahlte die Pfarrei einen größeren Betrag als die Umgebung, was für ihre Größe und Bedeutung spricht. Doch hundert Jahre später lauten die Nachrichten über

Rund um Arnstein werden gleich mehrere frühere Burgställe vermutet.

Leuchnitz ganz anders: 1528 wird das letzte Mal ein Hof der Adelsfamilie Rauschner im Ort erwähnt, schon 1560 taucht er in den Verzeichnissen nicht mehr auf. In den Abgabenbüchern des benachbarten Arnstein, Sitz eines bambergischen Amtes, angelegt ab 1529, wird Leuchnitz nicht aufgeführt, der Pfarrsitz war vermutlich schon vorher hierher verlegt worden.

Leuchnitz war verschwunden, irgendwann ab Anfang des 16. Jahrhunderts. Warum das gesamte Dorf samt Pfarrsitz aufgegeben wurde, ist bis heute ebenso Spekulationsgegenstand wie die genaue Lage. Während die Burg Leuchnitz inzwischen mit einer gewissen Sicherheit auf dem Heidenknock, wo es auch den Flurnamen Alte Burg gibt, vermutet wird, gehen die Annahmen zum Ort des Dorfes auseinander. Nicht unplausibel ist die Erklärung, Leuchnitz habe sich als Ansiedlung um die Burg herum gebildet, sei folglich ebenfalls auf dem Heideknock zu finden. Andere Forscher glauben an eine Verschmelzung der Dörfer Leuchnitz und Arnstein, wobei nur letzterer Name erhalten blieb. Archäologische Funde bestätigen in jedem Falle eine Burganlage auf diesem Felsen hoch über dem Tal – es sind noch Wallspuren vorhanden –, der Nachweis eines Dorfes in der Nachbarschaft fehlt bislang. Unzweifelhaft den imposantesten Ausblick auf das Tal und den Heideknock hat man vom Friedhof in Arnstein, übrigens auf den Überresten eines Burgstalls angelegt. Vielleicht konnten die Arnsteiner von hier aus einst auf Kirche und Dorf Leuchnitz hinüberblicken.

## Das besondere Erlebnis

Es ist nicht ganz unwahrscheinlich, dass auch die Andreaskirche zu Kirchheim wie viele ihrer Nachbarinnen eine für die Region typische Kirchenburg war, auch wenn ihr die Wehrhaftigkeit offenkundig nicht geholfen hat. Besonders schöne und gut erhaltene Exemplare mit den charakteristischen Gadenhäusern finden sich in Hüttenheim, in Seinsheim und insbesondere in Mönchsondheim, wo sich das Kirchenburgmuseum dieser speziellen Bauform widmet, ihrer Geschichte, dem Innenleben in der Ummauerung und der Bedeutung für die Bevölkerung. *www.kirchenburgmuseum.de*

# 14 Schlachten mit Stil

## Der Schlachthof von Bad Kissingen

**In einem mondänen Kurort könnte man den örtlichen Schlachthof unauffällig verstecken – oder man baut ein nicht zu übersehendes, riesiges Prachtgebäude.**

Bad Kissingen, Landkreis Bad Kissingen, Unterfranken **Ort** Würzburger Str. 4, 97668 Bad Kissingen **GPS** 50.187758, 10.076294 **Anfahrt** Mit der Bahn nach Bad Kissingen (RE/RB Schweinfurt–Bad Kissingen–Gemünden/Main) oder mit dem Auto auf der A 7, Ausfahrt Bad Kissingen-Oberthulba; oder A 71, Ausfahrt Bad Kissingen-Oerlenbach

Das Eingangstor vom Innenhof gesehen

**Blut und Bäder** Am 4. Oktober 1894 trafen sich die Stadtoberhäupter deutscher Kurorte zu einer ihrer regelmäßigen Versammlungen; Gastgeber war in jenem Jahr das unterfränkische Bad Kissingen. Man tauschte sich über die Möglichkeiten und Probleme des Bäderbetriebes aus, unter anderem hielt ein Oberbürgermeister mit dem schönen Namen Paul am Ende einen Vortrag zum Thema »Wesen und Wirkungen des Schlachthauszwanges, besonders im Bereiche der Kurorte«. Er konstatierte: »Die gefährliche Verunreinigung des Untergrundes, wie auch der Luft wird aber durch die Privatschlächtereien herbeigeführt, diese Brutstätten gesundheitsschädlicher Organismen, vor welchen Pettenkofer, Virchow und Koch unablässig gewarnt haben.« Mit diesen Autoritäten im Rücken sei es nur vernünftig, die kleinen Schlachtereien zu verbieten, um dem neuen Hygienebewusstsein entsprechend zentrale, gut organisierte städtische Schlachthöfe zu errichten, auch und gerade in Kurorten, ja, diese seien eine notwendige »kommunale Wohlfahrtsanstalt«. Doch das ergab ein neues Problem – und dies betraf insbesondere ein international angesehenes Bad wie Kissingen, das sich seit dem 18. und erst recht im 19. Jahrhundert zum Tummelplatz der kurwilligen High Society von Kunst, Kommerz und Adel entwickelte.

**Monarchen und Rindviecher** Gekrönte Häupter waren keine Seltenheit in Kissingen, gerade auch zu der Zeit, als Herr am Ende dort seinen Vortrag hielt. Österreich-Ungarns Kaiserpaar Franz Joseph und Elisabeth, die Bayern Ludwig I. und Ludwig II., russische Zaren, thailändische Monarchen, Bismarck, Fontane, Tolstoi, Walter Gropius, Alfred Nobel, Herbert Wehner und und und … Nun, unzweifelhaft wurde diesen Gästen in Bad Kissingen ein angenehmes Ambiente geboten, wozu eher nicht – und damit zurück zu unserem Problem – der Anblick eines Schlachthofes gehört. Den Forderungen der Tagung war die Stadt zwar schon seit 1833 nachgekommen, doch das 1859 noch einmal erneuerte Schlachthaus ent-

Rechte Seite: Bei diesem Anblick versteht man den Ausdruck »Ochsenkathedrale« besser.

sprach zum Zeitpunkt der Versammlung längst nicht mehr den Ansprüchen eines gehobenen Kurortes. Abhilfe war erwünscht, doch ein Neubau verzögerte sich. Schließlich war es 1923 endlich so weit. Ein idealer Standort war gefunden, am Stadtrand, nahe am Fluss. Während das Umfeld wenig berührt werden sollte – so gab es keinen Gleisanschluss –, war das Gebäude selbst ein nicht zu übersehendes Monument. Der Schlachthof wurde nach den Plänen des Architekten Josef Hennings zu einem einmaligen Prachtstück, im schon etwas überholten Jugendstil errichtet, reich verziert, dazu mit enormen Ausmaßen: 55 Meter lang, 12 Meter breit und ganze 17 Meter hoch. Innen nicht weniger prächtig, mit geschmückten blauen Kacheln gefliest, auf eine Statue des Metzgerpatrons Sankt Lukas ausgerichtet, wurde der Schlachthof halb spöttisch, halb ehrfurchtsvoll von den Kissingern »Ochsenkathedrale« genannt. Außen eher nostalgisch, war das ohnehin teure Vorhaben im Innern für den Betrieb mit der allerneuesten Technik ausgestattet. Und auch die Kurgäste konnten, wenn gewünscht, gegen geringes Entgelt auf der hauseigenen Galerie den Schlachtern bei der Arbeit zusehen – ob das der Gesundung förderlich war, sei dahingestellt.

**Unblutige Gegenwart** 1925 war der Schlachthof feierlich eröffnet worden, er blieb einzigartig und über all die Jahrzehnte ein Hingucker, doch 2002 kam das Ende. Neue EU-Vorgaben hätten einen teuren Umbau notwendig gemacht, aus Sicht der Stadt war dies nicht finanzierbar. Die Einzigartigkeit des Baues wurde nun zum Manko: Wie sollte man das charakteristische, aber eben auch auf einen eindeutigen Zweck ausgerichtete Gebäude nutzen, das zudem unter Denkmalschutz stand? Als Veranstaltungsort hätten wiederum teure Umbauten stattfinden müssen, private In-

**Überall finden sich liebevolle Details.**

Links: Eingang zu Büroräumen
Rechts: Eine Inschriftentafel wie für ein Schlossgebäude

vestoren zeigten kein Interesse, andere Umwidmungen gestalteten sich als zu aufwendig oder undurchführbar. Und so steht der edle Bau seit nunmehr bald zwanzig Jahren leer, nur für die zugehörigen kleinen Nebenbauten – in neobarocker Architektur – fand sich Verwendung. Die große »Kathedrale« dagegen harrt einer ungewissen Zukunft. Allerdings hat ihr gerade der schleichende Verfall zusätzlichen Charme verliehen, aufgrund der vielen Details, die an und in dem Gebäude dank der liebevollen Gestaltung zu finden sind. Der Kontrast aus monumentaler Größe und kleinstem Dekor beeindruckt noch heute und so wurde der Schlachthof zum beliebten Fotoobjekt. Das war natürlich nicht, was sich Bürgermeister Max Pollwein einst für seine Stadt gewünscht hatte – er, der vom Künstler als Wappenhalter über dem Haupteingang verewigt wurde.

## Das besondere Erlebnis

Vom nahen Mellrichstadt aus – ohnehin ein lohnenswertes Ziel – fuhr einst die Streutalbahn tiefer hinein in die Rhön, sie galt als nördlichste Nebenstrecke Bayerns. Ihr Schicksal ist das übliche uns bekannte: 1976 kam die Stilllegung des Personen-, 1987 die des Güterverkehrs. Doch die Gleise blieben erhalten und so fährt dank engagierter Eisenbahnfreunde seit einigen Jahren zu Sonderfahrten wieder das »Rhönzügle« von Mellrichstadt vorbei an der berühmten Kirchenburg Ostheim vor der Rhön direkt zum Freilandmuseum Fladungen. Hier finden wir zahlreiche Bauten, denen das Schicksal eines »Lost Place« erspart werden konnte – und natürlich viel Information über das nicht immer einfache Leben in Rhön und Grabfeld. *www.freilandmuseum-fladungen.de*

# 15 Ehrenvoll verwildert

## Der alte Friedhof in Kulmbach

**Auf dem Alten Friedhof in Kulmbach liegen zahlreiche ehemalige Größen der Stadt – in zerfallenen Gräbern, die einem Gruselfilm als Kulisse dienen könnten.**

Kulmbach, Landkreis Kulmbach, Oberfranken **Ort** Pestalozzistr. 25, 95326 Kulmbach **GPS** 50.105657, 11.449463 **Anfahrt** Mit der Bahn nach Kulmbach (RE/RB Bamberg–Bayreuth–Hof) oder mit dem Auto auf der A 70 (Ausfahrt Neudrossenfeld) oder A 9 (Dreieck Bayreuth–Kulmbach)

**Im Herbst entfaltet der Alte Friedhof seine ganze melancholisch-unheimliche Pracht.**

**Der Alte Friedhof einst neu** 1554 ging Kulmbach im vom eigenen Markgrafen Alcibiades angezettelten Krieg in Flammen auf. Die Katastrophe nutzte man beim Wiederaufbau zur Verlegung des Friedhofs, der nun seinen neuen Platz außerhalb der Stadttore fand. Die Stelle war hierfür prädestiniert, denn an dieser Ausfallstraße stand schon seit dem Mittelalter ein sogenanntes Siechenhaus, ein kleines Spital für Menschen mit ansteckenden Krankheiten. Dazu gehörten traditionell eine Kapelle und auch ein Begräbnisplatz. Zwar war das Siechenhaus längst verschwunden, aber auf der Grundlage des alten Gotteshauses und des kleinen Friedhofes entstanden

Manches Grab verschwindet bald vollends in der Natur.

zwischen 1560 und 1570 die Nikolauskirche und eben der neue Gottesacker. Im Laufe der Zeit wurde er mitsamt der Stadt immer größer, schließlich umfasste er ganze 15 000 Quadratmeter. 1925 aber entschloss man sich, ihn für weitere Begräbnisse zu schließen, nur wer bereits ein Grab hatte, durfte darin noch Familienmitglieder beisetzen; die letzte Beerdigung erfolgte 1939. In den 1970er Jahren wurde der Friedhof in einen Park umgewandelt, das gesamte Areal mit Kirche steht unter Denkmalschutz.

**Komm in den totgesagten Park und schau ...** Man könnte fast meinen, Stefan George (1868–1933) hätte den Kulmbacher Alten Friedhof gekannt, so treffend erscheint die Zeile seines berühmten Gedichtes. Der beste Zeitpunkt, den Park zu besuchen, ist der Herbst, bei Einbruch der Dämmerung, um die eigenartige Stimmung des Ortes einzufangen. Während in und um die Nikolaikirche am Eingang zumeist ältere Grabmäler des 17. und 18. Jahrhunderts an den Wänden aufgestellt sind, besteht die Hauptmasse der Gräber und Grüfte aus den oft eher unbescheidenen groß angelegten Anlagen des Großbürgertums aus den Zeiten des Biedermeier und dann der Gründerjahre, als Kulmbach dank des Eisenbahnanschlusses zur international renommierten Stadt der Brauereien aufstieg. Die Eliten vor Ort – vom reichen Handwerker bis zum Brauereibesitzer und Lokalpolitiker – ließen sich auch für ihre Behausung im Nachleben nicht lumpen und es fehlt kaum einer der »großen Namen«, die noch heute zum Beispiel durch die Benennung von Straßen und Institutionen der Stadt geehrt werden.

**Die Gruselkulisse** Es ist somit folgerichtig, dass in jüngster Zeit der örtliche Rotary Club mit kleinen Schildchen und einer Infotafel dafür gesorgt hat, dass die Besucher über die »Insassen« der Grabstätten gut informiert werden. Erhöht wird dadurch jedoch auch der bizarre Kontrast einerseits zu den bedeutenden Personen beziehungsweise Familien, auf die aufmerksam gemacht wird, und andererseits zu den

**Rechte Seite Oben: Die Zeit des Biedermeier und der Gründerjahre prägt viele Grabstätten. Unten: Solch einen Steinsarkophag muss man sich erst einmal leisten können...**

meist sehr wertvollen Denkmälern. Denn diese sind oft in bedauernswert schlechtem Zustand. Der Charme des Friedhofsparks liegt gerade darin, dass die Grüfte übermoost und eingewachsen sind, die Grabkreuze krumm, die Steinplatten angebrochen und verschoben, die Zäunchen verbogen und die Figuren nur noch Stümpfe. Wie gesagt, es würde einen nicht unbedingt verwundern, wenn plötzlich eine Hand aus dem Innern den Rest der Grabplatte auf die Seite schieben würde … Das Problem ist sicher, dass es gerade dieses verwilderte Ambiente ist, das den Reiz dieses Parks ausmacht, eine Generalsanierung hinterließe eine Flanierfläche wie viele andere auch. Allerdings sind manche der kleinen Gebäude bereits schwer einsturzgefährdet, das ist dann doch wieder etwas zu viel verfallender Charme. In jedem Fall ist der Alte Friedhof von Kulmbach ein passender Ort, um über die Vergänglichkeit von Mensch und Material nachzudenken.

## Das besondere Erlebnis

In der Dämmerung auf einem Friedhof mit verfallenen Gräbern herumlaufen, ist Ihnen nicht Gänsehautfaktor genug? Dann gehen Sie doch mit dem Kulmbacher Henker spazieren. Der wartet schon auf Sie, um Sie zu etlichen Plätzen der Stadt zu führen, die mit seinem Beruf zu tun hatten: der Fronveste, den Hinrichtungsstätten, seinem Wohnhaus. Dazu weiß er einige Geschichten aus der blutigen Historie Kulmbachs. Buchbar unter: *www.kulmbach.de/xist4c/web/Mit-dem-Henker-durch-Kulmbach_id_22503_.htm*

**Gruselige Symbolik, die bestens zum Zustand des Friedhofes passt**

# 16 Hängt ihn höher!

## Der Kupferberger Galgen

**Er ist wieder da: Der Galgen einer der kleinsten Städte Bayerns, Kupferberg, schaut weithin in alle Lande wie einst in raueren Zeiten.**

**An ihr ist alles geheimnisvoll: die Ruine der Heilingskirche bei Wirsberg nahe Kupferberg.**

Kupferberg, Landkreis Kulmbach, Oberfranken **Ort** Galgenberg, 95362 Kupferberg **GPS** 50.141030, 11.588615 **Anfahrt** Mit der Bahn nach Ludwigschorgast (RB-Haltepunkt an der Strecke Coburg–Bayreuth, Bedarfshalt) oder mit dem Auto auf der A 9, Ausfahrt Himmelkron (weiter auf der B 303/B 289)

**Beruf: Henker** Bevor Frankens berühmtester Henker, Franz Schmidt (1554–1634), seine jahrzehntelange Stelle als Scharfrichter der Reichsstadt Nürnberg antrat, war er als Lehrling seines Vaters in Diensten des Bamberger Fürstbischofs. Das Tagebuch, eher ein Arbeitsjournal, das ihn berühmt machen sollte, beginnt er am 5. Juni 1573 mit seinem »mäisterstückh«: »Leonhardt Ruß von Ceyern, ein dieb zu Stattsteinach, mit dem strang gericht. Ist mein ersts richten gewest.« Vier Jahre noch stand Schmidt beim Fürstbischof in Lohn, seine Arbeit bestand darin, über Land zu reisen und die von den dortigen sogenannten Halsgerichten – nomen est omen – des Landesherrn gefällten Urteile auszuführen. Diese gab es als großes Privileg in vielen Orten zur Abstrafung schwerer Taten wie Mord, Raub, aber auch Ehebruch und Körperverletzung. Also das Erhängen am Galgen, das Köpfen mit dem Schwert, aber auch das Brandmarken, Rädern oder Abschlagen einzelner Körperteile. 1577 wechselte er nach Nürnberg; gut möglich ist aber, dass er in den vier Jahren seiner

An der Sebastianskapelle startet der kurze Fußweg auf den Galgenberg. Für viele war es der letzte Gang.

Die Achatzmühle im Tal ist eine moderne Wüstung. In den 1960ern aufgegeben blieben nur Steinhäufen und die kleine Kapelle (im Hintergrund).

Tätigkeit für den Bischof auch den Kupferberger Galgen im Zuge seiner Arbeit kennenlernte.

**Das Halsgericht** In seinem Tagebuch berichtet er darüber nichts, da aber nachgewiesenermaßen in jener Zeit mindestens eine Sitzung des Gerichts stattfand, kann es sein, dass er dort assistierte, um einem Dieb zwei Finger der rechten Hand abzuschlagen (1574). Seit der Mitte des 14. Jahrhunderts ist das Gericht der damals bedeutenden Bergbaustadt Kupferberg nachweisbar, dessen äußeres, für alle gut sichtbares Zeichen der Galgen auf der bald nach ihm benannten Anhöhe über der Stadt war. Insbesondere aus dem 16. Jahrhundert sind zahlreiche Fälle bekannt, in denen das Gestänge zum Einsatz kam, interessant darunter die Verbrennung eines Selbstmörders auf der Hinrichtungsstätte: ein unehrenhafter Ort für einen unehrenhaften Tod. Erst 1852 wurde die Konstruktion abgebaut, lange nachdem Kupferberg als Gerichtsort keine Rolle mehr spielte.

**»Kupferberg hat wieder einen Galgen!«** Dies verkündet fast enthusiastisch die Infotafel neben dem 2012 wiedererstellten Holzgalgen, der jedoch in »Westernmanier« aufgerichtet wurde; die historischen Galgen der Region dagegen waren für gewöhnlich in Torform gestaltet: Das weitaus stabilere Konstrukt trug den – oder die – Verurteilten in der Mitte. Gleichwohl bildet der »neue« Galgen auch aufgrund seiner Lage – von der kleinen Sebastianskapelle (1824) am Ortsrand lässt sich auf dem kurzen Wanderwegstück gut dorthin laufen – ein beeindruckendes Symbol der früheren Rechtsprechung, kontrastiert sein blutiger Zweck doch mit der Schönheit der Landschaft, wie der nebenstehende Aussichtsturm belegt. Ob den zum Tode Verurteilten damit, wie die Infotafel anmerkt, noch einmal vor Augen geführt wurde, was sie hier aufgrund ihrer Missetat versäumten, und ob dies wirklich zur erwünschten Reue führte, sei dahingestellt.

## Das besondere Erlebnis

An die zum Glück friedlichere Vergangenheit als bedeutender Bergbauort seit dem Mittelalter erinnert das vor einigen Jahren neu eröffnete Besucherbergwerk. Die St.-Veit-Zeche lockt in die Tiefe, hinab zu den Erzvorräten, die Kupferberg nicht nur den Namen und Ansehen brachten, sondern mühselig von hunderten Bergleuten zutage gefördert werden mussten. Ein erklärender Wanderweg führt zu zahlreichen weiteren Bergbaustätten der Umgebung, aber auch zur geheimnisvollen Ruine der Heilingskirche. *www.bergbau-kupferberg.de*

**Links: Der »neue« Kupferberger Galgen (dahinter ein Aussichtsturm)**
**Rechts: Das Kirchenportal der Heilingskirche, Ort vieler Sagen**

**Kupferberg ist durchsetzt mit Erinnerungen an die ehemalige Bergwerkszeit. Hier ein Eingang zu einem Stollen neben der Pfarrkirche**

# 17 Die grausamen Frauen von Lauenstein

## Das Köchinnengrab

**Was haben eine Schlossherrin und eine Köchin der Burg Lauenstein gemeinsam? Sie finden als Mörderinnen keine Ruhe.**

Lauenstein (Stadt Ludwigsstadt), Landkreis Kronach, Oberfranken **Ort** (Verlängerung der Gräfenthaler Str.), 96337 Ludwigsstadt-Lauenstein **GPS** 50.514996, 11.346037 **Anfahrt** Mit der Bahn nach Probstzella bzw. Ludwigsstadt (RE Nürnberg–Leipzig) oder mit dem Auto auf der B 85 Kronach–Saalfeld

**Das verirrte Gespenst?** Im nördlichsten Zipfel Oberfrankens, hoch oben auf einem Berg, 550 Meter über dem Meer, treffen wir sie wieder, eine alte Bekannte: die Weiße Frau (siehe 10). Auf der imposanten Grenzfestung Lauenstein, wie ein kleiner Mont-Saint-Michel über dem Loquitztal gelegen, geht sie um, so erfährt man als Besucher der Burg oder auch des darunter am Hang des Bergkegels gelegenen Dorfes, denn man entkommt ihr nicht, das Gespenst ist zur Werbeikone geworden, immerhin ein versöhnliches Schicksal für eine Kindsmörderin. Aber was macht sie überhaupt hier? Nun, die Lauenstein gehörte in jenen Jahren den Orlamünde, möglicherweise hatten sie die Burg einst im 12. Jahrhundert sogar selbst gegründet. Die Weiße Frau spukt also im alten Familienbesitz, allerdings war keine der Frauen, die mit dem Gespenst in Verbindung gebracht werden, eine »echte« Orlamünde. Sowohl Kunigunde als auch Beatrix oder Agnes waren angeheiratete Damen aus hohem Adel, die wahrscheinlich nur selten auf der Lauenstein zu Gast waren. Wenn es also nicht Heimweh ist, was die Weiße Frau nach Lauenstein bringt, so könnte man noch kritischer fragen, wen möchte sie hier erschrecken, wo ihre Rache doch den Hohenzollern gilt? Der Vorwurf geht allerdings ins Leere: Eine böse Ironie der Geschichte führte dazu, dass die verarmten Orlamünde ihre Burg bereits 1427 den Markgrafen zu Lehen auftragen mussten, über Umwege kam die Lauenstein dann 1622 endgültig an die fränkischen Hohenzollern. Wahrscheinlich ist dies der Grund, warum die Weiße Frau hier spukt, geradewegs aus Trotz.

**Einer der verwitterten Steine am Köchinnengrab**

**Eine seltsame Steinhäufung** Inzwischen gehört die Burg dem bayerischen Staat, vielleicht wird die Weiße Frau deshalb seltener gesehen. Falls sie heimlich nächtliche Spaziergänge unternimmt, so könnte sie nicht weit entfernt eine unglückliche »Kollegin« aufsuchen. In etwa 1,8 Kilometer Entfernung vom Dorf, westlich am Weg nach Gräfenthal, stößt man neben einer Kreuzung auf eine leicht verwilderte Ansammlung von Steinbrocken, erkennbar menschlich geformt, aber verwittert und teils zerbrochen, ihrer Inschriften größtenteils beraubt. Ein Schild informiert: Hier befindet sich das Köchinnengrab. Tatsächlich handelt es sich wohl um Grenz-, nicht

**Rechte Seite: Die Mantelburg über Lauenstein**

um Grabsteine, aber wer weiß das schon so genau? Die Lauenstein war wie erwähnt eine Grenzveste, und noch immer treffen hier, direkt hinter dem Köchinnengrab, Thüringen und Bayern aufeinander.

**Die ehrlose Küchenhilfe** Es war wirklich kein besonders außergewöhnliches Schicksal, dass der jungen hübschen Köchin widerfuhr, die im 16. Jahrhundert im Dienst der Lauensteiner Herrschaften stand, in jener Zeit Adlige aus dem Hause Thüna. Verführt von einem der Ritter, empfing sie ein Kind; ihm konnte das egal sein, für sie war es eine Katastrophe, mit Schande verbunden und natürlich ohne Aussicht auf Anerkennung des Nachwuchses. Vorerst konnte sie das heimlich zur Welt gebrachte

Eine ganze Sammlung von – vermutlich – Grenzsteinen bildet das Köchinnengrab.

Kind noch bei Bekannten in einem Dorf unterbringen, doch als ihr ein reicher Bauernsohn aus der Gegend den Hof machte, wurde der Sprössling zum Problem. In ihrer Verzweiflung lief sie bis an den Rand des Herrschaftsgebietes und begrub das Kind dort an einem Grenzstein – bei lebendigem Leib. Der Mord blieb nicht verborgen, die Strafe war grausam: Man schleifte sie an den Haaren zum Tatort, begrub auch sie bei lebendigem Leib und trieb ihr einen Pfahl durch den Körper. An einer Zukunft als Wiedergängerin hat sie dies jedoch nicht gehindert, seitdem ward sie noch oft gesehen, wie sie bei den Grenzsteinen mit den Händen in der Erde wühlt, auf der Suche nach ihrem Kind.

**Beweint er das traurige Schicksal der Lauensteiner Frauen?**

**Nur eine Sage?** Wer sich beruhigen möchte, dass es sich bei der grausamen Geschichte ja nur um eine gruselige Legende handelt, der macht es sich womöglich etwas zu leicht. Dass Dienstbotinnen Kinder von ihren Herren bekamen, war vielleicht nicht Alltag, aber auch keine Ausnahme. Natürlich sind gewisse Parallelen zur Geschichte der Weißen Frau – das Kind als Hindernis für eine Ehe – nicht zu übersehen, aber auch hier spiegeln sich wohl eher traurige Erfahrungen jener Zeit wider. Sogenannte Kindsmörderinnen waren leider keine Seltenheit, zur Tat getrieben durch einen hohen Ehrenkodex, der ledige Schwangere aus der Gesellschaft ausgrenzte. Und tatsächlich wissen wir, dass es im späten 16. Jahrhundert unter der Herrschaft der Thüna eine Köchin auf der Lauenstein gab, die im Rufe der Kindsmörderin stand. Hervor geht dies aus Protokollen des Kronacher Gerichts – ebenjene Köchin wird von einer der Hexerei beschuldigten Frau als Mittäterin bezichtigt, der Zauberei fähig und nun geflohen. Ihre Vorwürfe gehen allerdings weiter: Die Lauensteiner Köchin habe einst zwei Kinder umgebracht, die aus Blutschande – also Inzest – hervorgegangen waren. Doch ihre Anschuldigungen entstanden unter der Folter, welche Auswirkungen sie hatten, bleibt unklar. Dass sie sich im Gedächtnis festsetzten – oder die Köchin ohnehin bereits einen Ruf des Unheimlichen hatte – könnte zur Sage beigetragen haben. Und dann ist da noch die Tatsache, dass man verurteilte Schwerverbrecherinnen gerne, aus Angst vor ihrer Wiederkehr, an Wegkreuzungen begrub. Wie am Köchinnengrab. Genutzt hat es ebenso wenig wie der Pfahl durch den Körper.

## Das besondere Erlebnis

Glaubt man dem hauseigenen Prospekt, dann kommt die Weiße Frau vom Schloss höchstpersönlich des Öfteren herab, um im Café Bauer unterhalb des Burgberges von den dortigen Spezialitäten zu naschen. Verdenken könnte man es ihr nicht, seien es die rekordverdächtigen Windbeutel – darunter der legendäre »Windbeutelfürst« – im Café selbst oder die unzähligen Pralinen und Schokoladenleckereien aus eigener Herstellung der benachbarten Confiserie, einfach zu verführerisch sind die Genüsse schon für die Lebendigen. Ein Besuch lohnt sich – es muss ja nicht gerade um Mitternacht sein. *www.c-bauer.de*

# 18 Klinisch tot

## Das alte Klinikum Lichtenfels

**Ein Lost Place im Frühstadium ist das frühere Lichtenfelser Klinikum: Es wurde 2018 zugunsten eines Neubaus aufgegeben.**

Lichtenfels, Landkreis Lichtenfels, Oberfranken **Ort** Prof.-Arneth-Str. 2, 96215 Lichtenfels **GPS** 50.137361, 11.081373 **Anfahrt** Mit der Bahn nach Lichtenfels (RB, RE und IC an der Strecke München–Nürnberg–Berlin) oder mit dem Auto auf der A 73, Ausfahrt Lichtenfels (die B 173 weiter bis kurz vor das Klinikum)

**Klassischer Krankenhausbaustil der 1970er …**

**Neubau, erster Teil** Es waren die Jahre der Gebietsreform und die Zentralisierung eine der Forderungen jener Zeit. So wurden 1973 auch die drei Krankenhäuser der Städte Lichtenfels und Staffelstein, dazu das kleine Spital von Hochstadt am Main zu einem großen Klinikum vor den Toren der Kreisstadt Lichtenfels vereint. In ästhetischer Hinsicht war das riesige Gebäude, eine klassische Bettenburg aus Beton mit mehreren Stockwerken und einigen Anbauten, insgesamt ein leicht geknicktes Ypsilon bildend, nicht unbedingt ein Augenschmaus, aber dafür auf dem neuesten Stand der medizinischen Anforderungen. Das Helmut-G.-Walther-Klinikum war das größte Krankenhaus in der Region und wurde zum Zentrum eines sich bildenden Verbandes kommunaler Krankenhäuser am Obermain, der sich nach der Wende ins fränkische Thüringen ausdehnte. Was aber Anfang der 1970er Jahre das Maß der Dinge war, geriet ab den 2010ern langsam ins Altern …

**… nicht hübsch, aber zweckmäßig, trotzdem inzwischen überholt**

**Neubau, zweiter Teil** Die Medizin hatte Fortschritte gemacht, neue Herausforderungen standen an, besonders die Haustechnik galt mehr und mehr als überholt. Eine Sanierung schien ein größeres Risiko gegenüber einem kompletten Neubau. Und so entstand in unmittelbarer Nachbarschaft ein rundum neues Klinikum, ein zukunftsfähiges Projekt, vorbildlich als sogenanntes »Green Hospital« errichtet, also den Erfordernissen der gestiegenen Ansprüche an die Umweltverträglichkeit angemessen. Wieder war man am Puls der Zeit. Nur: Was tun mit dem Altbau? Umbau- und Sanierungskosten von bis zu 40 Millionen Euro standen im Raum, je nach zukünftiger Nutzung. Selbst ein Abriss würde ganze 3,5 Millionen Euro verschlingen. Verschiedene Vorschläge kamen auf den Tisch: Unterbringung von Studenten der verbundeigenen Medical School, Einrichtung eines Hospizes, einer Krankenpflegeschule.

**Im Wartestand** »Pforte am Umzugstag 21.07.2018 nur bis 20.00 Uhr besetzt!« verkündet ein zerknitterter Zettel noch immer an der Eingangstür zum alten Klinikum. Seitdem steht der große Komplex fast leer – die Küche wird auf Abruf noch genutzt –, noch immer ist die Neuverwendung ungeklärt, Bäumchen und Gras-

**Links: Kunst am Bau**
**Rechts: Hier kommt kein Bus mehr vorbei.**

büschelchen sprießen schon zwischen Platten und Fensterbänken hervor. Je mehr Zeit vergeht, desto mehr wird das hohe Gebäude zum Lost Place mit verschmutzten Fenstern, abbröckelnden Fassadenteilen und rostenden Leitungen. Ob die Bewohner und Bewohnerinnen in ihren neuen Zimmern weiterhin einem verrottenden und vor sich hin siechenden Altbau zuschauen dürfen, der dem Verfall entgegenbröselt, ist noch immer nicht entschieden, wird aber mit jedem Tag Leerstand nicht gerade unwahrscheinlicher. Aber wer weiß, vielleicht nimmt sich bald einer des Patienten an …

## Das besondere Erlebnis

Während das alte Klinikum hoch aufragt, verbirgt der Untergrund der Lichtenfelser Altstadt ganz andere Geheimnisse. Die unterirdischen Gänge, Keller und Gewölbe haben eine teils lange und bewegte Vergangenheit als Vorrats- und Fluchtort, als Waffenlager und Luftschutzbunker. Führungen bieten mit Helm und Taschenlampe Schutz – aber ob der auch gegen das in den Gängen herumspukende Edelfräulein hilft, das hier noch immer nach ihrem toten Geliebten sucht? Infos gibt es bei der Tourist-Information am Marktplatz 10. *www.tourismus-lichtenfels.de*

**Erst an vielen kleinen Details erkennt man den Leerstand.**

# 19 Gott erhalt's

## Die Malzfabrik Maineck

**Von Weitem mag sie manch Landfremder für das Mainecker Schloss halten: Aus der Nähe besehen ist es eine ziemlich kaputte Industriebrache.**

Maineck (Gemeinde Altenkunstadt), Landkreis Lichtenfels, Oberfranken **Ort** Kulmbacher Straße/Mühlweg, 96264 Altenkunstadt **GPS** 50.117226, 11.301097 **Anfahrt** Mit der Bahn nach Mainroth (RB-Bedarfshalt) bzw. Burgkunstadt (RB/RE) oder mit dem Auto auf der A 73, Ausfahrt Lichtenfels (weiter über B 289 via Mainklein nach Maineck)

**Verkalkuliert** Eine Malzfabrik in Oberfranken, dem Land der Brauereien? Das kann keine schlechte Idee sein. Das dachte sich auch ein Abkömmling des Freiherrengeschlechts von Redwitz, Friedrich mit Namen, der ab 1874 nach und nach mehrere Wohnhäuser am Flussufer des Dörfchens Maineck aufkaufte. Wann der »Privatier« daranging, dort Malz zu verarbeiten, ist unbekannt, sehr genau aber weiß man, wann er damit wieder aufhörte: 1899. Allzu geschickt konnte der Adlige nicht gewirtschaftet haben, denn in jenem Jahre machte er Konkurs. Dass er grundsätzlich den richtigen Ansatz hatte, zeigt das Interesse an seiner Malzfabrik. Ein Erfurter Unternehmen, Weise & Hilpert, erhielt den Zuschlag und übernahm 1900 offiziell die Mainecker Fabrik. Schon zwei Jahre später trat der Mitbesitzer Paul Hilpert aus der gemeinsamen Firma aus und übernahm die Mainecker Dependance in alleiniger Verantwortung, nun als »Fränkische Malzfabrik Paul Hilpert«.

**Macht und Malz** Hilpert, so kann man sicher sagen, wurde zur bedeutendsten Figur der Mainecker Industrialisierung, persönlich sehr geachtet – er zog nach Maineck um und erhielt 1911 das »Heimatrecht« –, wusste er umgekehrt aber auch, seine Position als wichtigster Arbeitgeber des Dorfes zu nutzen. Hilpert

Der prächtige Eingang zur nicht minder prächtigen Villa des Malzfabrikbesitzers

setzte den Expansionskurs der Malzfabrik kontinuierlich fort: durch Neubauten, Zukäufe und Erhöhung der Stockwerke. Am Ortseingang entstand ein überdimensionaler Gebäudekomplex, der bald das benachbarte Schloss und die kleine romanische Dorfkirche buchstäblich in den Schatten stellte. Die beiden wichtigsten Neuerungen Hilperts waren zum einen der Erwerb der früheren Schneidmühle. Er baute eine Turbine ein und das Anwesen zum betriebseigenen Elektrizitätswerk um – dessen Kapazitäten waren so groß, dass er der Gemeinde anbieten konnte, die gesamte Ortschaft mit Strom zu versorgen. Zum anderen seine eigene Villa. Das etwas seltsame, sehr auffällige Gebilde, ganz in der Mode der Zeit historistische und Jugendstilelemente vereinend und trotz Weltkrieg errichtet, verfügte laut Grundbuchamt über »Keller, Veranda, Wintergarten, Ziergarten und Hofraum«.

**Der Familienbetrieb und sein Ende** Hilpert blieb der starke Mann im Ort – was er auch dadurch bewies, dass er urplötzlich 1925 den Stromvertrag kündigte. Die Gründe

Links: Rost setzt überall an ... Rechts: ... wirkt aber gelegentlich auch geradezu ästhetisch.

sind nicht bekannt, aber der Ort stand mit einem Mal ohne Versorgung da, bis die benachbarte Müllersfamilie kurzerhand einsprang. Hilpert expandierte noch weiter, ein großes Silo kam dazu, Wohnungen wurden gebaut, 1936 aber übergab er die Firmenführung seinem Sohn Paul Hilpert junior. Der führte den Betrieb weiter und übergab ihn der nächsten Generation, wieder ein Paul Hilpert, genauer Paul Walter Hilpert. Das böse Sprichwort von der dritten Generation bewahrheitete sich jedoch auch in Maineck: 1979 war Schluss und die Fränkische Malzfabrik Maineck Geschichte.
Zurück blieb seitdem der noch immer den Ort beherrschende große Gebäudekomplex mit dem hohen Turm neben der Mainbrücke. Von Weitem wirken die Bauten selbst nach vierzig Jahren noch gar nicht so heruntergekommen, doch die Nahschau belegt dann sehr schnell das Gegenteil. Die teils sehr schönen, geradezu klassischen Industriebauten in Ziegelbauweise mit verschnörkelten Eisengittern, kleinen Erkerchen und allerhand Verzierungen rotten vor sich hin, Bewuchs hat sich überall breitgemacht. Läuft man an dem Gelände den Main entlang, stößt man dahinter auf die Villa des Industriellen. Ihr Zustand, der mit ihrem einstigen Großbürgerprunk bes-

tens kontrastiert, schwankt irgendwo zwischen verwunschenem Märchenschloss und Kulisse für einen Horrorfilm. Es würde einen nicht wundern, wenn dort oben aus dem Fenster der Geist des alten Hilpert heraussähe und mit einem traurigen Kopfschütteln auf sein Lebenswerk herunterschaute.

**Von Maineck aus lohnt sich ein Ausflug zur Burgruine Niesten. Wenige Mauerreste, aber ein herrlicher Blick über den fränkischen Jura**

## Das besondere Erlebnis

Was aus dem Malz der Fabrik wurde, kann man hervorragend im Bayerischen Brauereimuseum im benachbarten Kulmbach nacherleben – natürlich in ehemaligen Brauereigebäuden. Die umfangreiche Ausstellung in der früheren Mönchshofbrauerei informiert über alle Aspekte des berühmten fränkischen Bieres, von der Historie über die Vielfalt bis zur modernen Produktion. Selbstversuche sind sowohl im Brauen als auch natürlich im Verköstigen möglich – Braukurse und Bierdiplome gehören zum Angebot. Im gleichen Komplex sind, um die museale Brotzeit zu vervollständigen, noch Museen zum Thema Backen und Gewürze angesiedelt. *www.kulmbacher-moenchshof.de/bayerisches-brauereimuseum-kulmbach*

# 20 Zersägt

## Das Sägewerk in Markt Bibart

**Aufstieg und Fall eines Sägewerks repräsentieren die Überreste eines Familienbetriebes inmitten von Markt Bibart.**

Markt Bibart, Landkreis Neustadt a. d. Aisch-Bad Windsheim, Mittelfranken **Ort** Allee 6, 91477 Markt Bibart **GPS** 49.646006, 10.428441 **Anfahrt** Mit der Bahn nach Markt Bibart (RE Würzburg–Nürnberg) oder mit dem Auto auf der B 8 (führt als Umgehung um den Ort; die Autobahnen A 7 und A 3 sind entfernter)

Hier rollen keine schweren Stämme mehr.

**Die Bahn bringt's** Es verwundert etwas, dass die Lücke im Eisenbahnnetz zwischen Nürnberg beziehungsweise Fürth und Würzburg erst vergleichsweise spät geschlossen und außerdem nach der Eröffnung eher zögerlich genutzt wurde, handelt es sich doch heutzutage um einen der meistbefahrenen Korridore der Bahn. Als die Strecke am 19. Juni 1865 freigegeben wurde, führte sie unter anderem durch den kleinen Ort Markt Bibart, der einen ansehnlichen Bahnhof bekam – nicht etwa die vier Kilometer entfernte Kreisstadt Scheinfeld, sehr zu deren lang anhaltendem Ärger. Doch so verwunderlich war die Trassenführung nicht, Markt Bibart hatte schon seit Jahrhunderten an wichtigen Verbindungsstraßen gelegen, Bahn und Auto – die stark frequentierte B 8 – folgen noch immer uralten mittelalterlichen Handelswegen von Würzburg über Fürth nach Nürnberg. Der neue Bahnanschluss war naturgemäß auch attraktiv für die Ansiedlung von Gewerben. Und für das 1890 gegründete Sägewerk Stapf galt dies sogar doppelt: Man ließ sich nicht nur direkt neben den Bahnhofsgebäuden nieder, sondern spezialisierte sich zudem auf die Produktion von Gleisschwellen.

Links: Das Silo beherrscht das ehemalige Sägewerksgelände.
Rechts: Blick in die Innereien

**Das Sägewerk in Besitz der Familie Weber** Nachdem kurzzeitig eine Münchner Firma das Sägewerk übernommen hatte, das gut 40 Einwohnern von Markt Bibart Arbeitsplätze bot, gelangte es in den Besitz der Familie Weber, die fortan das Geschäft, aber auch die Ortsgeschichte mitprägen sollte. Denn einer der bedeutendsten Arbeitgeber des Marktes zu sein, bedeutete auch Macht. Schlecht genutzte Macht, waren die Webers doch früh Anhänger der NSDAP. So wurde ab 1933 der führende Teilhaber des Sägewerks zum örtlichen Bürgermeister und SA-Führer. Die Folgen der NS-Politik bekam seine Firma schließlich selbst deutlich zu spüren: Bei einem Luftangriff, der womöglich den Bahnanlagen, vielleicht aber auch dem Holzlager des Sägewerks gegolten hatte, gingen große Teile des Betriebes an Ostern 1945 in Flammen auf. Zwar erholte sich das Webersche Sägewerk in der Nachkriegszeit wieder, doch wie die Eisenbahnschwellen aus Holz verschwand nach und nach die gute Konjunktur für das große Sägewerk. Nach der Jahrtausendwende und nach gut hundert Jahren Sägewerksgeschichte unter der Ägide der Familie Weber war denn auch Schluss. Die Gebäude stehen größtenteils noch, Silos und große, leere Hallen, rostige Förderanlagen und fensterscheibenlose Bürogebäude, dazu der weite ehemalige Lagerplatz für die Stämme. Über herumliegende Möbel und Ausstattungsgegenstände macht sich nun, Rache der Natur, der Holzwurm her.

## Das besondere Erlebnis

Auch wenn es einst mit einem Bahnhof nicht geklappt hat, ein Besuch der nahen Stadt Scheinfeld lohnt sich allemal. Nicht nur aufgrund des barocken Stadtbildes, sondern vor allem wegen des über dem Ort thronenden Renaissanceschlosses Schwarzenberg, in dieser Form einzigartig in Franken. Der weithin sichtbare großzügige Bau aus dem frühen 17. Jahrhundert beherbergt heute eine Internatsschule, ist aber im Sommer an Sonn- und Feiertagen per Führung zugänglich. Vor den Schlosstoren wartet mit der Kloster- und Wallfahrtskirche Schwarzenberg ein weiteres sehenswertes Highlight.

# 21 In der Finsteren Gasse

## In Münnerstadt

**Auch in einem städtebaulichen Schmuckstück wie dem unterfränkischen Münnerstadt finden sich weniger schmucke Orte.**

Münnerstadt, Landkreis Bad Kissingen, Unterfranken **Ort** Marktplatz 11, 97702 Münnerstadt **GPS** 50.249392,10.194294 **Anfahrt** Mit der Bahn nach Münnerstadt (RE/RB Schweinfurt–Meiningen–Erfurt) oder mit dem Auto auf der A 71, Ausfahrt Münnerstadt

**Hoher Besuch** Die Münnerstädter wussten, was ihnen blühte, denn die Geschichte schien sich zu wiederholen. Schon exakt zehn Jahre zuvor hatten schwedische Truppen die Stadt angegriffen und erobert – nun, 1641, war es wieder so weit, ein Heer von feindlichen Soldaten rückte auf das würzburgische Städtchen vor. Eine erneute Belagerung begann, es war kaum wahrscheinlich, dass man dem Anstürmen würde lange standhalten können. Doch plötzlich zog der Feind ab, war von hier auf jetzt verschwunden. Die Historiker kennen den Grund für diesen abrupten Entschluss nicht – die Münnerstädter dagegen schon: Es war die Jungfrau Maria, die, über der Stadt erscheinend, für Panik unter den Angreifern sorgte und die Stadt beschützte. Damit rettete sie der Legende nach den Ort, wofür nicht nur die Münnerstädter dankbar sein dürften. Denn unzweifelhaft ist die Stadt eine Perle Frankens, bekannt

**Viele Fenster und Türen aller Art bietet das Haus in der Finsteren Gasse.**

für ihr mittelalterliches Stadtbild, ihren Riemenschneider-Veit-Stoß-Altar und eben das historische Schauspiel »Die Jungfrau von Münnerstadt«. Wie andere fränkische Städte ihrer Rettungserlebnisse aus der Zeit des Dreißigjährigen Krieges gedenken (berühmt sind der Rothenburger Meistertrunk oder die Dinkelsbühler Kinderzeche), machen die Münnerstädter dies seit 1927: Durch eine Aufführung jeweils um den 8. September, an der buchstäblich die ganze Stadt beteiligt ist – als Kulisse und als Akteure –, halten sie die Erinnerung an den Truppenvorstoß im Jahr 1641 aufrecht.

**Das finstere Münnerstadt** Auch wenn es nicht ganz mit solchen Touristenmagneten wie Dinkelsbühl und Rothenburg mithalten kann, ist Münnerstadt das erwähnte Schmuckstück mit vielen mittelalterlichen und barocken Bauten. Und dann ist da die Finstere Gasse. Sie macht ihrem Namen noch immer Ehre, recht eng schlängelt sie sich vom Kloster zum Marktplatz hin. Finster ist die Geschichte eines der vorbildlich restaurierten Gebäude … Hier stand einst die Münnerstädter Synagoge, doch nur bis zu den Pogromen nach der Pestwelle des Jahres 1348. Das nun nach Vertreibung der Juden leer stehende Gebäude wurde nicht wie in anderen fränkischen Städten – Nürnberg, Würzburg, Bamberg – zu einer Marienkirche umgewandelt, sondern zum Rathaus umgebaut. Als solches diente es bis etwa 1460, dann wurde der Nachfolger an einem repräsentativeren Platz errichtet. Die Augustinermönche übernahmen das Gebäude – und richteten dort ihr Brauhaus mit Bierkeller ein, auch ein sehr fränkisches Schicksal. Immerhin blieb der Bau dadurch bis heute erhalten.

Links: Mit viel Phantasie kann man … Rechts: … sich die Stattlichkeit des Baues durchaus noch vorstellen.

**Ein unschönes Paar** Das kann man so von einem Nachbarn nicht unbedingt behaupten. Wenige Schritte weiter in Richtung Marktplatz steht man vor einem Gebäude mit gleich mehreren Toren. Eines hiervon ist zugemauert, die beiden anderen

Traurige Nachbarn. Auch das anschließende Gebäude Richtung Marktplatz hat schon bessere Zeiten erlebt.

besitzen noch Holztüren, allerdings liegen die Schwellen gut einen halben Meter über Straßenniveau. Es würde sich auch sonst nicht lohnen, das Haus zu betreten, das nicht einmal mehr eine Hausnummer besitzt, ihm fehlen nämlich auch Obergeschosse und Dach. Vorhanden ist lediglich noch das Parterre, das zwar unverputzt, aber mit seinen vielen Toren und Fenstern von einst besseren Zeiten berichtet. Auf den Mauern des Gebäudes, das ins 17. Jahrhundert datiert wird, liegen nun Planen, Gras, auch erste Sträucher haben schon ihr Plätzchen gefunden. Angebaut ist ein Haus, das noch komplett und mit der Vorderseite bereits auf den Marktplatz ausgerichtet ist. Zum Glück. Die Rückseite ähnelt nämlich eher schon dem kaputten Nachbarn. »1564« lässt sich auf einem Fenstersturz über einem Kellerloch entziffern, tatsächlich dürfte das Haus sogar noch deutlich älter sein, 1414 wird als Datum überliefert. Auf der Fassadenseite präsentiert es sich allerdings typisch barock, mit Walmdach und sogenannten »geohrten« Fensterrahmen. Doch die Fenster selbst sind unten verhangen, oben kann man durch sie den Leerstand erkennen. Die Finstere Gasse scheint ihren Bewohnern kein gutes Schicksal zu bringen.

## Das besondere Erlebnis

Gut ein Dutzend Türme in freier Landschaft sind in der Umgebung Münnerstadts erhalten. Diese Bauten dienten einst als Wach- und Signaltürme im Grenzgebiet, ihr Entstehungszeitraum im späten Mittelalter (ca. 15. Jh.) und ihr Aussehen verbinden sie ebenso wie ihre gegenseitige Sichtbarkeit und ihre sozusagen »aussichtsreiche« Position in der Landschaft. Mit den stationierten Posten konnten die nahe gelegenen Dörfer und Städte vor anrückenden Gefahren gewarnt werden. Die Eingänge lagen einst im ersten Stock, viele der besser erhaltenen Exemplare werden auch heute wieder als – friedliche – Aussichtstürme genutzt, mit bequemerem Zugang im Erdgeschoss oder via Außentreppe, so etwa die Schlegelswarte bei Münnerstadt oder der Galgenturm nördlich von Mellrichstadt.

# 22 Der Pfarrer im Sündereck

## Ulmers Grab in Nemmersdorf

**Seit Jahrzehnten befindet sich außerhalb der Nemmersdorfer Friedhofsmauern ein ungepflegtes Grab – die letzte Ruhestätte eines Pfarrers.**

Nemmersdorf (Stadt Goldkronach), Landkreis Bayreuth, Oberfranken **Ort** Pfarrleite, 95497 Goldkronach-Nemmersdorf **GPS** 49.99661,11.68425 **Anfahrt** Mit der Bahn nach Untersteinach (bei Bayreuth; RB Bayreuth–Weidenberg) oder mit dem Auto auf der A 9, Ausfahrt Bad-Berneck/Himmelkron (weiter via B 303 und Goldkronach)

**Im Abseits** Hingerichtete Schwerverbrecher, Selbstmörder, ungetaufte Kinder, sie wurden nach ihrem Tod wenn nicht gleich unter dem Galgen (siehe 16), so für gewöhnlich in einer düsteren Ecke des Friedhofs oder gar außerhalb in ungeweihter Erde verscharrt. Warum aber beerdigten die Nemmerdorfer ihren langjährigen Geistlichen Johann Christoph Ulmer an diesem verschmähten Platz und ließen dann das Grab auch noch verwildern? Die Geschichte seines Nachlebens und das Schicksal seines Grabes sind auf jeden Fall eine Warnung davor, sich die Wahl des eigenen Grabspruches genau zu überlegen. Das hatte an sich auch Pfarrer Ulmer getan, als er folgenden lateinischen Spruch in seinen Grabstein einmeißeln ließ: »Fatalibus fatis fatigatus hic otium invenit Ioannes Christophorus Ulmerus, natus Doehlaviae 1747, parochus Nemmersdorfi ab anno 1787 usque ad annum 1827. Non turbare velit posterus ossa mea!«. Der Mittelteil war unproblematisch, er konstatierte lediglich, dass Ulmer 1747 in Döhlau bei Hof geboren und von 1787 bis 1827, fast vierzig Jahre, Pfarrer in Nemmersdorf war. Zu denken gab jedoch der Beginn »Durch widrige Geschicke hat hier Ruhe gefunden Johann Christoph Ulmer« und vor allem der letzte Satz: »Kein Nachkomme möge meine Gebeine stören!«

**Variante I: Der Fluch des bösen Pfarrers** Der mürrische Hinweis auf die widrigen Geschicke und der geradezu drohende Satz am Ende ließen gemeinsam mit der Lage außerhalb des Friedhofs bald allerlei Legenden über den Pfarrer entstehen, er sei »hartherzig und unversöhnlich« gewesen und »für seine sonderbare Art gefürchtet«. Und so habe er eben nicht gemeinsam mit den ihn so quälenden Gemeindekindern auf einem Friedhof liegen wollen. Hinzukommend habe er einen Fluch ausgesprochen: »Welcher Nachfolger mir meine Bäume wegschlägt, dass mir die Finken nicht mehr ihr Morgenlied darbringen können, soll keine zehn Jahre hier erleben!«. Und tatsächlich: Immer wieder kam es vor, dass einer der späteren Pfarrer in dem Hain um Ulmers Grab die Bäume fällen ließ, sei es aus Profitgier, sei es aus Notwendigkeit – denn die Grabstätte war damals schon vernachlässigt –, worauf prompt eine Krankheit oder ein früher Herztod des Geistlichen erfolgte, lange vor Ablauf der gewährten zehn Jahre.

**Ulmers Arbeitsplatz: Die Pfarrkirche von Nemmersdorf mit ihren charakteristischen zwei Türmen**

**Variante II: Familienzwist im Pfarrhaus** Für die einsame Lage des Grabes gab es landläufig allerdings eine weitere Erklärung. Ulmer hatte einen Sohn, Friedrich, einen Arzt, dem die junge Witwe von Reitzenstein gefiel, die Schlossherrin von Nem-

mersdorf – eine Liebe, die auf Gegenseitigkeit beruhte, dem gestrengen Vater jedoch nicht genehm war. Womöglich störte ihn die Standesschranke oder der Altersunterschied von 15 Jahren. Die Verlobung konnte er zwar nicht verhindern, sein Sohn jedoch zog fort, um eine im Münchberger Raum grassierende Seuche zu bekämpfen, der er selbst zum Opfer fiel. Untröstlich starb kurz darauf das Fräulein, sie ließ sich nicht in der adligen Familiengruft, sondern an der Seite ihres Geliebten auf dem Friedhof beerdigen. »Wo dieses Weib liegt, möchte ich nicht begraben sein«, habe Ulmer geschimpft und sich die Grabstätte außerhalb gesucht, obwohl auf dem Friedhof sogar seine eigene Frau begraben lag.

**Der wahre Kern** Beide Geschichten haben durchaus ihre historischen Grundlagen. Pfarrer Ulmer war angesehen und mit Sicherheit auch geachtet – kaum hätte er sonst knapp vierzig Jahre seine Pfarrstelle im gleichen Ort versehen. Er war aber zugleich durchaus ein streitbarer Mensch, der sich gerne mit den Obrigkeiten anlegte und seinen Pfarrkindern ihre Sünden vorhielt. Dies ist wohl die eine Erklärung für die ermüdenden widrigen Geschicke, die andere ist der ebenfalls belegte Familienkonflikt um die Verlobung des Sohnes mit der Witwe von Reitzenstein und der tragische Tod des jungen Arztes. Friedrich Ulmer war jedoch nicht aus Ärger freiwillig ins Seuchengebiet gegangen, sondern einem Befehl der Behörden gefolgt. Seine Geliebte ließ sich tatsächlich in der Ulmerschen Gruft auf dem Friedhof, nicht in der Familiengrabstätte beerdigen. Dies war jedoch nicht der Grund, warum Johann Christoph Ulmer, der alle seine Angehörigen überlebte, nicht auf dem Friedhof liegen wollte. Schon 1825 begründete er seinen ungewöhnlichen Wunsch in einem Schreiben an die zuständige Bayreuther Stelle: Er wolle in Frieden in der Natur, die er so geliebt habe, ruhen, und habe hierfür schon ein ungenutztes kleines Stück Land gefunden, wo er auf eigene Kosten eine steinerne Gruft errichten lassen möchte. Dem verdienten Pfarrherrn wurde dies nicht abgeschlagen. Ulmer hatte, von der zeitgenössischen Naturromantik abgesehen, noch einen anderen, recht profanen Grund. Als Pfarrer wusste er naturgemäß, dass aus Platzmangel die Gräber innerhalb des Friedhofs nach bestimmter Zeit aufgelöst und neu vergeben würden – dies wollte er mit seinem eigenen abgelegenen Ort verhindern.

**Ulmers Grab, gut versteckt und von Blättern abgedeckt**

1827 starb Ulmer und kam in die schon vorbereitete Stätte. Der berühmte letzte Satz seines Grabspruchs sollte dem erwähnten Zweck dienen, eine verfrühte Auflösung zu verhindern. Der drohende Unterton sorgte weniger für den vorzeitigen Tod frevelhafter Nachfolger, aber für die Furcht der Nemmersdorfer vor der Grabstätte. Bevor man etwas Falsches tat, den

Ehemaliges Gasthaus in Nemmersdorf

toten Pfarrer verärgerte und sich dessen Fluch zuzog, tat man lieber gar nichts. Selbst wenn die Stelle zwischenzeitlich neu angepflanzt und aufgehübscht wurde, wucherte sie nach einiger Zeit wieder zu. So präsentiert sich Ulmers Grab noch heute in einem verwilderten Hain, mit krummem Holzzaun drum herum, der bemooste Grabstein verwittert, der folgenreiche Grabspruch ist nur dank einer Hinweistafel noch zu entziffern. Womöglich würde der aktuelle Nachfolger Ulmers die Bäume dort gern stutzen lassen, aber er ist erst seit 2012 im Amt, hat die berühmten zehn Jahre noch nicht überstanden …

## Das besondere Erlebnis

Ebenfalls recht einsam liegen unweit von Nemmersdorf nahe dem kleinen Bayreuther Flughafen die spärlichen Überreste des einstigen Wallfahrtsortes und kurzzeitigen Klosters (1506–1529) Sankt Jobst, untergegangen zu Zeiten der Reformation. Heute wurde dort eine informative Gedenkstätte mit rekonstruierten Grundmauern eingerichtet, lohnenswert zudem wegen des schönen Rundumblicks. Allerdings befinden sich die Ruinenreste einige Meter neben dem originalen Platz versetzt – erzwungen durch ein heute ebenfalls verlassenes Militärgelände, dessen Kuppen noch immer erkennbar sind.

# 23 Kohlegrube, Kinderheim, Kaserne

## Das Schwimmbad Minna

**Es sollte einst der süddeutsche Ruhrpott werden, doch dann ist die Idee baden gegangen. Zurück blieb ein leeres Schwimmbecken im Wald.**

Neuhaus-Schierschnitz (Gemeinde Föritztal), Landkreis Sonneberg, Thüringen **Ort** Neuhaus-Schierschnitz, 96524 Föritztal **GPS** 50.316603, 11.258636 **Anfahrt** Mit der Bahn nach Stockheim (Oberfranken; RE Nürnberg–Leipzig) oder mit dem Auto auf der B 89 durch Neuhaus, B 85 durch Stockheim

**Der Todesstreifen ist noch immer als Waldweg erkennbar.**

**Das schwarze Gold** Der Überlieferung nach war es der Dackel des Oberförsters, der im Jahr 1756 bei Stockheim buchstäblich mit der Nase beziehungsweise Schnauze auf Steinkohle stieß. Dies waren die Anfänge des Kohlereviers um Stockheim, Reitsch und Wolfersdorf auf der bambergischen, später bayerischen und um Neuhaus-Schierschnitz sowie Buch auf der sächsischen, später thüringischen Seite, wo man ebenfalls Zugänge zu dem Flöz fand. Zwei Länder, aber beiderseits der fränkischen Grenze, nun vereint durch den Bergbau. Die Gruben wurden nach 1800 nicht mehr vom Staat, sondern von Unternehmern betrieben, darunter die Familie von Weiß-Swaine und dann war da noch ein Verlagsbuchhändler, der ganz große Pläne hatte. Niemand Geringeres als Joseph Meyer (1796–1856), der Erfinder und Herausgeber des legendären Meyer'schen Konversationslexikons in 52 Bänden, suchte sich ein zweites Standbein als Industrieller. Begeistert von der neuesten Technik, der Eisenbahn, kaufte er Erzbergwerke, Kohlegruben und Eisenhütten für sein verwegenes, aber zukunftsweisendes Vorhaben: Er wollte nicht nur die komplette Herstellung der Eisenbahnen selbst in der Hand haben, sondern auch deren Betrieb. Und ein strategischer Punkt seiner Überlegungen war Neuhaus-Schierschnitz, denn hier sollten in Zukunft Bahnlinien zusammenlaufen, direkt am Zentrum der Steinkohle und Stahlindustrie, ein Gegenstück zum Pott.

**Verkohlt** Meyer kleckerte nicht, er klotzte. 1843 eröffnete er die Grube Minna, nach seiner Frau benannt. Es folgten Juliane, Joseph und August, dazu im Ort ein riesiges Walzwerk zur Stahlerzeugung. Aber die fränkische Steinkohle war nur bedingt für diese Art von Technik geeignet und als der säch-

Das Bad mitten im Wald versprüht einen bizarren Charme.

Rechte Seite
Oben: Eine kleine Fontäne vervollständigte das Ensemble.
Unten: Wasser liefert nur noch der Regen.

sische Herzog Meyer die Gunst entzog, weil dieser sich als überzeugter Demokrat 1848 für die Revolution engagiert hatte, war der Traum vom Aufstieg zum Industriezentrum geplatzt. Meyer starb 1856, sein Sohn verkaufte die Restbestände 1863 an die Swainesche Konkurrenz. Die Grube Minna wurde schon Ende des Jahrhunderts geschlossen, der Schacht verfüllt, der Förderturm 1911 eingelegt. In einem der Gebäude wurde eine Gastwirtschaft eingerichtet, den Rest übernahm später die Reichsbahn; sie ließ die Grubenbauten als Kindererholungsheim herrichten – zu diesem gehörte auch das Schwimmbad. So blieb es, bis die DDR-Regierung das Heim wegen der Grenznähe in den 1950er Jahren schloss und stattdessen das Areal zur Kaserne umfunktionierte. Nun badeten dort Soldaten statt Kinder, aber wiederum nur bis 1981. Dann verschwand alles – bis auf das Becken des Schwimmbades, das nun im Wald unter Laub und Moos, äußerst romantisch verwildert, fast schlossparkähnlich an sehr bewegte Zeiten erinnert.

## Das besondere Erlebnis

Unbedingt sollte man sich vor Ort – zum Beispiel an den Infotafeln der Katharinenzeche Stockheim – den kostenlosen »Wanderführer durch die Bergbaugeschichte von Stockheim und Neuhaus-Schierschnitz« besorgen. Er bietet den besten Überblick, illustrierte Wandervorschläge und historische Informationen über die zahlreichen Lost & Dark Places, mit denen das ehemalige Steinkohlerevier überreich gesegnet ist, von den vielen aufgegebenen Zechen und Gruben bis zu den modernen Wüstungen, die Opfer des einstigen Sperrgebietes wurden.

Links: In der Bergwerkgemeinde Stockheim.
Rechts: Hier sind einst Kinder vom Beckenrand gesprungen.

# 24 Abserviert

## Gasthaus Krone in Obernzenn und Brauerei Obendorfer in Weismain

**Rechte Seite Oben: Die kaputten Fenster ermöglichen tiefe Einblicke ins Innere. Unten: Hier kommt kein Braumeister mehr zur Tür heraus.**

Stattliche Wirtshäuser am Marktplatz und kleine Brauereien gehören zu Franken wie das rollende R und der FCN.

Obernzenn, Landkreis Neustadt an der Aisch-Bad Windsheim, Mittelfranken **Ort** Marktplatz 7, 91619 Obernzenn **GPS** 49.449805,10.466182 **Anfahrt** Mit der Bahn nach Bad Windsheim und Illesheim (RB Neustadt/Aisch-Steinach bei Rothenburg) oder mit dem Auto auf der A 7, Ausfahrt Bad Windsheim (weiter auf B 470 bis Bad Windsheim und Staatsstraße 2253 nach Obernzenn)
Weismain, Landkreis Lichtenfels, Oberfranken **Ort** Festungsweg 2, 96260 Weismain **GPS** 50.085827, 11.241422 **Anfahrt** Mit der Bahn nach Burgkunstadt (RE/RB Bamberg–Hof/Bayreuth) oder mit dem Auto auf der A 73, Ausfahrt Lichtenfels (weiter auf B 289 über Burgkunstadt und Staatsstraße 2191 nach Weismain)

**Eine typische kleine fränkische Brauerei**

**Das doppelte Dorf** In Obernzenn gehörte man zu den Blauen oder den Roten. Damit sind nicht die Anhänger verschiedener Sportvereine gemeint, sondern die Untertanen zweier Adelsfamilien. Spätestens nachdem der Deutsche Orden seine letzten Besitzungen im Ort verkauft hatte, gehörte man als Dorfbewohner zu den Seckendorff-Aberdar, die im Blauen Schloss wohnten, oder zu den Seckendorff-Gudent, die im Roten Schloss residierten. Dabei ist diese Obernzenner Farbenlehre keineswegs symbolisch, sondern noch immer für jeden klar erkennbar am Anstrich der beiden Barockbauten abzulesen, die einträchtig nebeneinander auf den Fundamenten einer früheren Wasserburg stehen. Die Seckendorff beherrschten den Ort und ein paar kleine Weiler und Einzel als Ministaat, wie er für Franken nicht untypisch war. Kuriosität am Rande ist, dass es sogar einige wenige Untertanen in Obernzenn gab, die beiden Häusern gemeinsam untertan waren. Von dieser Besonderheit früherer Tage abgesehen ist der Markt allerdings charakteristisch für die Region mit seinen vielen alten Gebäuden im Ortskern und dem großen Gasthof an zentraler Stelle, der »Krone«.

**Die Krone verblasst** Das offizielle Kunstdenkmälerinventar von 1966 beschreibt die Gastwirtschaft so: »Zweigeschossiges, verputztes Massivgebäude von 1835 mit Krüppelwalmdach. Hoher Kellersockel, verzahnte Eckquadern, verkröpftes Gurtgesims. Hausteingewände und profilierte Fensterbänke. Haustüre mit profiliertem Hausteinrahmen und gerader Gesimsdachung über dreiseitiger Freitreppe. Obergeschoßfensterbrüstung über Haustüre als Supraporte in Haustein ausgebildet, im unteren breiteren Teil Kronenrelief, darüber abgesetzt mit Jahreszahl *1835*.« Das stimmt so weit noch immer, nur hat sich der Zustand seit jenen Tagen, obwohl er damals schon, wie alte Aufnahmen zeigen, nicht mehr allzu herrschaftlich war, nach der Schließung des Gastbetriebes verschlechtert. Verputzt ist das Haus nicht mehr überall, dazu haben vor allem die mehrfach gerühmten Hausteinrahmen arg gelitten, das stolze Symbol der Krone ist verblichen, die Eingangstüre über der Freitreppe verrammelt. Wer sich nun damit tröstet, dass in Obernzenn doch alles doppelt sei, der hat natürlich recht – genau gegenüber findet sich das Gasthaus zum Roß, ein hoch aufragender Fachwerkbau von 1577. Aber so viel haben die beiden Häuser

dann doch wieder gemeinsam, dass auch das »Roß« in kaum besserem Zustand und ebenfalls längst geschlossen ist.

**Das Unwort** Oberfranken hat laut Guinnessbuch der Rekorde die höchste Brauereidichte der Welt. Doch wo viel ist, kann auch viel verschwinden. »Brauereisterben« heißt der Begriff, der in Franken keineswegs nur Schweralkoholikern und Braumeistern, sondern auch Wirtschafts- und Tourismusverbänden kalten Angstschweiß ausbrechen lässt. Schließlich ist neben Bratwürsten, Lebkuchen und Kartoffelklößen das Bier eines der herausragenden Merkmale der sich nicht zu Unrecht so nennenden Genussregion. Glücklicherweise ist die Anzahl der Braustätten im Lande noch immer hoch und die Nachfrage dank der Wertschätzung regionaler Traditionen wieder gestiegen. Dass die große Welle der zahlreichen Schließungen alter Familienbetriebe keineswegs vollends abgeebbt ist, zeigt das Schicksal der Weismainer Brauerei Obendorfer. Zu Beginn war das Bierbrauen im mittelalterlichen Franken fest in Händen von Fürsten und geistlichen Institutionen, erst am Ende des 18. Jahrhunderts wurden die Gesetze gelockert und somit Bierbrauen als Geschäftszweig auch für Privatleute ermöglicht.

**Brauen in Weismain** So gesehen war das vormals bambergische Amtsstädtchen Weismain spät dran: Franz Leonhard Rothlauf gründete 1852 die erste Privatbrauerei des Ortes. Dabei fand in der Umgebung schon seit etwa 1820 der Versuch statt,

**Wirkte schon einmal einladender: Die »Krone« in Obernzenn.**

Hopfen anzubauen – durchaus mit Erfolg; 1867 erhielt Weismain sogar ein Hopfensiegel. Im Jahr darauf entstand das zweite Brauhaus des Lorenz Pregler, die heutige Püls-Bräu. Die ältere Brauerei Rothlauf blieb ein Kleinbetrieb mit Gasthaus, weitum geschätzt und auch das Ende des Hopfenanbaus in der Region überstehend. Später übernahm der hauseigene Braumeister Obendorfer das Geschäft und gab der Brauerei ihren neuen Namen. Dieser prangt noch immer auf dem Brauereigebäude mit den charakteristischen Schloten, doch bröseln die einzelnen Buchstaben mitsamt dem Putz inzwischen herab. Am 31. August 1997 stellten die Brauer den Betrieb ein. Das Gebäude vor dem einstigen östlichen Stadttor steht seitdem leer, doch seine für Franken so typische Vergangenheit ist ihm noch anzusehen: Laderampen für die Fässer, die großen Fenster des Kesselraums, die erwähnten Schlote und ein hübsches Dachreitertürmchen. An eine Neunutzung ist seit Langem gedacht, bis dahin aber muss man sich den Verfall wohl weiterhin schöntrinken. Zum Beispiel nebenan (siehe unten).

## Das besondere Erlebnis

Die Brauerei Obendorfer gibt es nicht mehr. Wohl aber den dazugehörigen Brauereigasthof nebenan. Sie können also noch »authentisch« speisen. Nur mit dem Trinken des Originals wird es etwas schwer: Immerhin stammen die Biere noch aus Weismain. Die letzte Überlebende der einst vier Brauereien des Ortes, die Püls-Bräu, schenkt nun im Gasthaus der einstigen Kollegen aus. Prost!

**In den Fenstern spiegelt sich das ebenfalls aufgegebene Gasthaus gegenüber.**

# 25 … Kontrolle ist besser

## Grenzbahnhof Schirnding

**Verwaist sind die Büros des einst so wichtigen Grenzzollamtes in Schirnding, die Lagerhallen einsturzgefährdet, die Gleise rostig. Ende einer Dienstfahrt.**

Schirnding, Landkreis Wunsiedel, Oberfranken **Ort** Bahnhofstr. 32, 95706 Schirnding **GPS** 50.077078, 12.229401 **Anfahrt** Mit der Bahn nach Schirnding (RE Nürnberg–Marktredwitz–Cheb) oder mit dem Auto auf der gut ausgebauten B 303

**Staus und Schmuggler** Das »Heimatbuch der Gemeinde Schirnding« berichtet von den Erfolgen der Grenzbeamten im Jahr 1993: »Im einfahrenden Schnellzug [konnten] in einem einzigen Personenwagen 322 000 Stück Zigaretten sichergestellt werden; die Zigaretten waren in allen Hohlräumen des Personenwagens versteckt, in der Dachluke, unter den Sitzen, hinter Blechblenden usw. In einem anderen Fall wurden 150 Kilogramm geräucherte Rinderlende sowie 50 Käse im Schnellzug beschlagnahmt; allein der Geruch im Abteil verriet den Schmuggler, der die Ware nicht ordnungsgemäß angemeldet hatte. An sensiblem Schmugglergut konnten in den letzten Jahren auch Waffen, Munition, Jagdtrophäen, Musikinstrumente, artengeschützte Waren wie Schlangenhäute und Schneeleopardenfelle, afghanische Teppiche, Ikonen, geringe Mengen Rauschgift beschlagnahmt werden.« Die frühen 1990er Jahre nach der Grenzöffnung waren eine Hochzeit mit Massenabfertigung für die Grenzpolizei, ganz wie einst der Beginn des Grenzbahnhofs Schirnding

**Zahlreiche Extragleise wurden angelegt zur Zollabfertigung von Gütern.**

kurz nach dem Krieg. Der Name des eher kleinen Marktes mit kaum 1200 Einwohnern war spätestens seit 1990 jedem Radiohörer geläufig, weniger dank der Bahn, sondern wegen der Kollegen und Kolleginnen an der Straße: »Am Grenzübergang Schirnding haben Sie soundso viele Stunden Wartezeit.«

**Ein kleiner Bahnhof wird ganz groß** Grenzgebiet zwischen Franken und Böhmen war Schirnding schon immer, die stattliche Burg im benachbarten Hohenberg an der Eger gibt hiervon beredtes Zeugnis. Gleichwohl war die Verbundenheit mit Eger, heute Cheb, stets stark, und so wurden die beiden Orte 1883 mit einer Eisenbahn verknüpft. Schirnding war allerdings nur ein kleiner Bahnhof an der Strecke, Grenzfunktion hatte er nicht. Die Beamten beider Länder – anfangs bayerische und österreichische Zöllner – saßen in Eger, daran änderten auch die Gründung der Tschechoslowakei und der Zweite Weltkrieg nichts. Anders dann ab 1945, als quasi über Nacht Schirnding zum Grenzbahnhof und zum wichtigsten Nadelöhr der Ostwestverbindung in die CSSR wurde. Für den kräftig gestiegenen Grenzverkehr – Personenzüge mit deutschen Ausreisenden gen Westen, Güterzüge mit Materialien zum Wiederaufbau gen Osten – war der kleine Bahnhof gar nicht ausgelegt. So wuchs und wuchs er, neue Gleisstränge wurden verlegt, Güterhallen gebaut, eine Baracke für die Beamten, später durch Wohnbauten und ein neues Bürogebäude (1966) ersetzt. Zwar war das Aufkommen Anfang der 1950er Jahre erst einmal abgeflaut, danach stieg es jedoch wieder kontinuierlich an. Bayerische und tschechische Grenz- und Eisenbahnbeamte versahen gemeinsam ihren Dienst in Schirnding, besonders die Güterabfertigung nahm weiter zu, das Gelände wurde ein weiteres Mal vergrößert. Aber auch die Schnell- und Eurocityzüge mussten in Schirnding halten, um die Beamten einsteigen zu lassen.

**Die Freiheit muss grenzenlos sein …** Waren es in den 1980er Jahren große Mengen an Güterverkehr, so nahm der Personentransport mit dem Fall des Eisernen Vorhanges enorm zu. Um Wartezeiten zu verkürzen, stiegen die Beamten nun in Marktredwitz ein

Das Bürogebäude der Grenzpolizei bietet heute vor allem eines: gähnende Leere.

und kontrollierten auf der Fahrt nach Schirnding. Noch mehr Arbeit kam auf die Grenzpolizisten zu, als das europäische Schengen-Abkommen 1995 in Kraft trat: Schirnding lag nun an einer EU-Außengrenze. Verbesserungen brachte im gleichen Jahr ein deutsch-tschechisches Grenzabfertigungsabkommen. Mit ihm kehrten alte Verhältnisse zurück: Die gemeinsame Zollstation wurde wieder nach Eger verlegt. Ab 1996 war das Bayerische Grenzzollamt in Schirnding schon teilweise verwaist, nur noch eine kleine Resttruppe versah hier ihren Dienst. 2007 kam auch die Tschechische Republik zum Schengenraum, Schirnding war kein Grenzbahnhof mehr.

Wäre eine hübsche Kulisse für einen 1960er-Jahre-Film: Der Bahnhofskiosk von Schirnding.

Wer heute in Schirnding aussteigt, dem fällt die alte Größe noch immer ins Auge, aber sofort auch, dass diese vergangen ist. Die Bahnhofsgebäude sind stattlich, die Gleisstränge zahlreich, genutzt wird jedoch nur noch einer. Bahnsteig 2 ist gar nicht mehr erreichbar. Wer auf das DB-Gebäude zugeht, fühlt sich angesichts des leer stehenden Bahnhofskioskes und des – noch nutzbaren – Wartesaales ein bisschen in die 1960er Jahre versetzt; immerhin, nebenan sitzt tatsächlich noch ein Fahrdienstleiter. Anders im angebauten modern-nüchternen Bau des Grenzschutzes, über dessen Eingangstür stolz die goldenen Buchstaben »Güterabfertigung Zollamt Bayr. Grenzpolizei« prangen, dort sitzt niemand mehr. Ein Blick durch die schmutzigen Fensterscheiben verrät, dass der Auszug noch nicht so lange her ist, aber Staub und Bewuchs die neuen Bewohner des Gebäudes heißen. Es wird nicht besser, wenn man zu den früheren Güterabfertigungshallen weitergeht, wo ein Schild vor der Einsturzgefahr warnt. Die einst aufgrund des hohen Zugverkehrs im Laufe der Zeit extra neu hinzugefügten Gleise dahinter mit Sonderbahnsteigen, um schnellere Kontrollen zu ermöglichen, liegen brach, die Natur kehrt zurück, aneinandergereihte Waggons stehen hier, als würden sie nun seit Abzug der letzten Beamten noch immer auf ihre Abfertigung warten. Mal sehen, ob einer kommt …

## Das besondere Erlebnis

Die Kontrollen sind zum Glück Vergangenheit, aber Grenzgebiet ist Schirnding natürlich noch immer. Eine Geschichte von Austausch und Abschottung, davon kann das Grenzmuseum in Schirnding (natürlich zweisprachig) berichten. Es bereitet die Historie der Grenzregion anschaulich auf, befasst sich aber vor allem mit den Jahren des Kalten Krieges. Geführt wird das an Sonntagen und auf Anfrage geöffnete Museum kompetent von Menschen, die ihre eigenen Geschichten aus jenen Tagen zu erzählen haben: von ehemaligen Zollbeamten. *www.grenzmuseum-schirnding.de*

# 26 Die gottlose Kirche

## Christkönigskirche Schwarzenbach/Saale

**Kirchenruinen sind nicht so selten – zumeist entstammen sie aber dem Mittelalter, nicht der Moderne.**

Schwarzenbach/Saale, Landkreis Hof, Oberfranken **Ort** Kirchenlamitzer Str. 38, 95126 Schwarzenbach an der Saale **GPS** 50.21437,11.93797 **Anfahrt** Mit der Bahn nach Schwarzenbach/Saale (RB/RE Bamberg–Hof) bzw. Bahnhof Martinlamitz (RB Hof–Marktredwitz) oder mit dem Auto auf der A 93, Ausfahrt Rehau-Süd

**Auf den ersten Blick eine kleine Kirche am Rande der Stadt …**

**Eine Kirche am Rande der Stadt** Sie liegt da noch immer, ganz außen, an einer Ausfallstraße, zwischen einer Tankstelle und einem Motorradgeschäft, dahinter die weiten Wiesen um Schwarzenbach an der Saale. 1933, als sie erbaut wurde, muss sie hier noch einsamer gewirkt haben. Andererseits ist das kleine Gotteshaus dadurch bis heute schon von Weitem gut sichtbar; wer sich ihm annähert, wird allerdings feststellen, dass es um die katholische Pfarrkirche Christkönig nicht gut bestellt ist. Der Treppenaufgang ist krumm und mit Grasbüscheln überwachsen, das Eingangslicht fehlt, die Fenster sind gesprungen und undurchsichtig verschmutzt, das gesamte Umfeld ungepflegt. Die Kirche steht leer, hier werden seit den späten 1970er Jahren keine Gottesdienste mehr gefeiert, Christkönig wurde sogar offiziell exsekriert, »entweiht«, nach kaum vierzig Jahren im Dienst. Trotzdem steht sie – seit 2000 – unter Denkmalschutz.

**... mit vielen liebevollen Details, die aber auch verraten, dass sie inzwischen verlassen ist**

Gebäude verschiedener Epochen vereinen sich zum großen Fabrikgelände der »Kronester«.

**Der falsche Architekt** Der Grund hierfür ist einfach: Sie wurde von einem anerkannten Architekten entworfen und war einst ein Musterbeispiel modernen, avantgardistischen Kirchenbaus. Kurioserweise nennt das amtliche Denkmalverzeichnis Fritz Fuchsenberger (1876–1945) als Bauherrn, ein Fehler, aber ein verzeihlicher. Der gebürtige Würzburger war einer der gefragtesten Kirchenarchitekten in Franken, er entwarf Gotteshäuser mit sehr modernen Zügen, ließ gotisierende mit expressionistischen Elementen verschmelzen. Der hervorstechendste Zug seiner Bauten waren ab den 1920ern unverputztes Mauerwerk aus Material der Umgebung, im Innern hoch aufstrebende, meist spitz zulaufende Holzkonstruktionen. Für Fuchsenberger reihte sich Auftrag an Auftrag, große Projekte – wie St. Bonifaz in Erlangen oder St. Karl Borromäus in Nürnberg – neben vielen kleinen, beispielsweise im nicht weit entfernten Helmbrechts. Wer das Schwarzenbacher Gotteshaus betrachtet, dem fal-

len sofort die von uns genannten Merkmale auf. Außen Bruchsteinmauerwerk, innen ein hohes, spitzes Holzgewölbe. Doch Fuchsenberger war nicht der Architekt, jedenfalls nicht *dieser* Fuchsenberger.

**Auch eine Art, Büroinventar zu entsorgen**

**Das kurze Leben der Christkönigskirche** Die Schwarzenbacher Katholiken hatten sich schon seit Längerem eine eigene Kirche gewünscht, bereits 1911 gab es erste Pläne, doch Krieg und Wirtschaftskrisen verhinderten das Vorhaben. 1932 war es endlich so weit: Man konnte einen Architekten beauftragen: Ludwig Fuchsenberger (1906–1960) – er war der Sohn des berühmten Fritz Fuchsenberger. Unzweifelhaft stark beeinflusst von seinem Vater ging Ludwig ans Werk und entwarf den Schwarzenbachern das kleine Gotteshaus im typischen Fuchsenberger-Stil, noch einmal auf die Mittel der Moderne zurückgreifend. Das Vorhaben wurde in Rekordzeit umgesetzt: Im Juni

1933 erfolgte die Grundsteinlegung, im September die Weihe. Es war einer der letzten Kirchenbauten in avantgardistischem Stil für lange Zeit, Ludwig Fuchsenberger war erst wieder gefragt, als es daran ging, seine zerstörte Wahlheimat Aschaffenburg nach 1945 neu aufzubauen. Der Pfarrkirche Christkönig aber ging es wie berichtet: Schon im Jahr 1976 wurde sie als zu klein befunden und ersetzt. Eine Zweitverwendung kam offenbar nicht infrage, Gott zog aus. Seitdem modert sie vor sich hin.

**Bonus: Die Porzellanfabrik Kronester** Wer direkt gegenüber dem Kircheneingang in die Königsberger Straße einbiegt und diese bis zum Ende läuft, kommt bei der Nachfolgerin an: der Pfarrkirche St. Franziskus. Geht man rechts weiter die Martinlamitzer Straße entlang, gelangt man über den Bahnhalt hinüber zur früheren Porzellanfabrik Kronester, einem sehr großen Industriekomplex. Steht man vor dem Eingangstor, zeigt sich nicht nur der Verfall der zahlreichen Gebäude, der zweite Blick verrät, dass der Betrieb hier noch gar nicht so lange eingestellt sein kann – und dieser Eindruck trügt keineswegs. Gegründet 1906, gehörte der einstige Familienbetrieb Kronester zu einem klassischen Gewerbezweig der Gegend: der Porzellanindustrie. Es lief recht gut, sowohl in der Weimarer Republik, als man expandierte,

**Schade um die einst schönen glasgeschmückten Türen …**

als auch in der Nachkriegszeit, als das vor uns verfallende Werk massiv erweitert wurde. Man konnte namhafte Designer für beliebtes Alltagsgeschirr anwerben, Kronester Bavaria Geschirr war gefragt. Bis Ende der 1980er Jahre. Die allgemeine Krise der oberfränkischen Porzellanindustrie erwischte auch den Schwarzenbacher Betrieb, man vereinte sich mit anderen Herstellern aus der Region, doch dies hatte zur Folge, dass 1997 große Teile der Produktion verlegt wurden. Die Familie zog sich völlig aus dem Geschäft zurück. Heute ist das Gelände am Stadtrand ein riesiger Lost Place, dessen diverse Gebäude von Produktionshallen über Büro- und Wohnbauten bis zum Stromturm vom einstigen Glanz und jetzigen Elend der Schwarzenbacher Porzellanindustrie zeugen.

## Das besondere Erlebnis

Als Kontrast und Erholung nach all dem Verfall empfiehlt sich unbedingt ein Besuch im Schwarzenbacher Erika-Fuchs-Haus. Das nach der lange im Ort lebenden legendären Übersetzerin der Disney-Werke benannte »Museum für Comic und Sprachkunst« im Zentrum der Stadt ist ein Erlebnis für Jung und Alt, mit vielen Anwendungen für die Besucher und großer Comicbibliothek. *www.erika-fuchs.de*

**Das Fabrikgelände erstreckt sich über ein großes Areal. Sein Zustand ist stellvertretend für viele oberfränkische Porzellanfirmen.**

# 27 Der Bunker von nebenan

## Hochbunker in Schweinfurt

**Die Kugellagerindustrie brachte Schweinfurt Wohlstand – und wurde im Krieg zur tödlichen Bedrohung für die Bevölkerung.**

Schweinfurt, Stadt Schweinfurt, Unterfranken **Ort** Goethebunker: Degnerstraße, 97421 Schweinfurt **GPS** 50.046908, 10.216173 **Ort** Bahnhofsbunker: Wohlfahrtstraße, 97424 Schweinfurt **GPS** 50.036883, 10.212720 **Anfahrt** Mit der Bahn nach Schweinfurt Hbf (RE Würzburg–Bamberg) oder per Auto auf der A 70, Ausfahrt Schweinfurt-Zentrum

**»Schweinfurtwetter«** So nannte man herrliche Sonnentage bei wolkenlosem Himmel. Seit dem Sommer 1943 bedeuteten diese für die Schweinfurter vor allem eines: Angst. Und die Befürchtungen der Einwohner der alten Reichsstadt am Main, die sich zum Industriezentrum und größtem Herstellungsort von Kugellagern in Europa entwickelt hatte, waren durchaus gerechtfertigt, war man durch diese kriegswichtige Fabrikation doch zum Ziel von Luftangriffen geradezu prädestiniert. Dies hatte auch das Regime begriffen und Schweinfurt auf eine Prioritätenliste für den Luftschutz gesetzt, mit erhöhter Flakbewehrung, Aufrüstung der vorhandenen unterirdischen Bauten zu Schutzräumen und Errichtung von Hochbunkern. Gleichwohl fühlte man sich lange sicher, lag die Stadt doch weit im Landesinnern, weit entfernt von den Basen der englisch-amerikanischen Air Forces. Bis die ameri-

Typische Bunkerarchitektur: A10 nahe der AOK.

kanische Luftwaffe eine neue Strategie erprobte: Bomberflotten aus hunderten Maschinen, den schwerfälligen B-17, besser bekannt als »Flying Fortresses«, sollten Angriffe tief ins Landesinnere tragen – bei Tag. Die verbündeten Briten hielten dies für Wahnsinn, sie flogen nur nachts, ein Flug tagsüber – gut sichtbar für die Flak und die deutschen Jagdflugzeuge – schien ihnen Selbstmord. Die Amerikaner wollten anhand der Zerstörung der Schweinfurter Industrie das Gegenteil beweisen.

**Als Wohnblock getarnt: der Goethebunker, der später als Gefängnis diente**

**Luftschlachten über Schweinfurt** Der Plan war clever und ging gehörig schief. Die amerikanische Air-Force-Führung hatte für den 17. August 1943 einen Angriff auf Regensburg vorgesehen, der auch ordnungsgemäß vonstattenging – in dessen Rücken aber sollte, nachdem sich die deutsche Luftabwehr auf die erste Flotte konzentriert hatte, ein zweiter Großverband unmittelbar danach Schweinfurt anfliegen. Doch in England herrschte der typische Nebel, die zweite Welle startete um Stunden zu spät, die deutsche Flugabwehr hatte inzwischen alles zusammengekratzt, was vorhanden war – auf die Bomber wartete eine der größten jemals versammelten Jagdflotten. Dementsprechend verlustreich war der Flug an den Main, doch ein Großteil der Maschinen kam – wenn auch schwer beschädigt – durch. Das ihnen günstige »Schweinfurtwetter« wurde nach den ersten Bombardierungen allerdings durch den Rauch der Brände und künstliche Vernebelung zur Sichtblende. Immer mehr Bomben gingen fehl, trafen auf freies Feld oder schlimmer die Wohngegenden der Stadt. Die Bilanz aus Sicht der USA war geteilt: Die Kugellagerindustrie war schwer getroffen, der Beleg für erfolgreiche Tagangriffe erbracht – doch der Preis war hoch: hohe Verluste unter den eigenen Maschinen und Mannschaften, dazu die

**Kaum noch erkennbar: Bunker nahe dem Wasserturm, heute mit Restaurant**

Schweinfurter Toten, etwas über 200 Personen. Da die Industrie in enormer Kraftanstrengung zum Teil schnell wiederaufgebaut wurde, erfolgte am 14. Oktober 1943 ein weiterer Angriff auf die Stadt, diesmal wesentlich treffsicherer auf die Fabrikanlagen, deren Produktion damit endgültig auf ein Minimum reduziert wurde. Aber auch diesmal gab es hohe Verluste bei den US-Amerikanern und den Schweinfurtern, knapp 300 Menschen in der Stadt starben.

**Verbunkert** Von den zivilen Opfern fanden die meisten in den Luftschutzkellern – oft doppelt so viele wie Personen im Freien, in ihren Wohnungen oder auf der Arbeit – den Tod. Keinen einzigen Verlust gab es unter den Insassen der Hochbunker – diese bewährten sich tatsächlich. Neben den fabrikeigenen Anlagen hatte das Regime ab 1940 in der Stadt zehn Hochbunker anlegen lassen, die für gut 9000 der 50 000 Einwohner reichten, für den Rest waren andere Schutzräume vorgesehen. Die Bunker überstanden beide Großangriffe, waren aber nach Kriegsende plötzlich ohne Funktion. Die massiven Bauten waren kaum für andere Zwecke verwendungsfähig, sporadisch dienten sie als Lagerräume. Dann verschaffte ihnen die Angst vor dem Kommunismus und dem Atomkrieg ab den 1960er Jahren neues Leben: Die meisten von ihnen wurden unter großem finanziellem Aufwand auf den neuesten Stand gebracht und reaktiviert. Da zum Glück weder Kommunisten noch Atombomben eintrafen, blieben die Anlagen trotzdem meist ungenutzt. Erst spät verfiel man auf die geradezu kongeniale Idee, sie als Proberäume für Musikbands zu nutzen. Mit dem Ende des Kalten Krieges stellte sich die Frage der Verwendung dann wieder neu.

**Auf Bunkersuche** Das wahrscheinlich angenehmste Schicksal hatte der kleine Bunker A3 im Bergl, nahe dem Wasserturm (Adresse: Wasserturm 10). Er musste nicht mehr zum Dienst im Kalten Krieg antreten, da man in ihn große Fenster gebrochen hatte. Nach kurzem Dasein als Fabrikgebäude wurde er zum Restaurant – und ist es bis heute. Hier kann man also im Bunker speisen. Etwas versteckt zwischen den modernen Bauten der AOK liegt Bunker A10 in der Wohlfahrtstraße, wie das Schild über der Tür verkündet, angelegt für 1400 Personen. Der sogenannte Bahnhofsbunker vermittelt noch das martialische Aussehen dieser Betonarchitektur, nach der Reaktivierung und Deaktivierung des Kalten Krieges wartet er auf neue, friedliche Aufgaben. Dasselbe gilt für den wohl aufgrund seines Schicksals interessantesten der Schweinfurter Hochbunker. Der sogenannte Goethebunker, eigentlich A4, in der Degnerstraße wurde zum Sitz zahlreicher Nazibehörden, darunter des Oberbürgermeisters und der Luftschutzabteilung, er bot Platz für 966 Personen. Nach dem Krieg fanden sich viele der Schweinfurter Nazigrößen erneut in dem Gebäude wieder – die US-Amerikaner hatten es zum Gefängnis umgewandelt. Dies blieb der lang gezogene Bau, der von außen zur Tarnung an Wohnblocks erinnert, bis 1957. Ebenfalls nachgerüstet und dann ungenutzt, soll er für kulturelle Belange erneuert werden. Hoffen wir, dass diese Gebäude kein weiteres Mal für ihre ursprünglichen Zwecke nachgerüstet werden müssen.

## Das besondere Erlebnis

Abschluss oder Beginn jeder Bunkertour durch Schweinfurt sollte naturgemäß das Deutsche Bunkermuseum an der Ernst-Sachs-Str. 73 sein. Allerdings muss man sich dazu noch ein paar weitere Interessierte suchen, denn es ist nur für Gruppen ab zehn Personen nach Anmeldung zugänglich. Geboten wird eine gut 90-minütige Führung durch den Bunker A8, besser bekannt als Fichtel & Sachs-Bunker, der wie mancher »Kollege« im Zeitalter des Kalten Krieges noch einmal nachgerüstet wurde – für den befürchteten Atomkrieg. Aber noch viel mehr über ihn und seine anderen Schweinfurter Kollegen erfahren Sie vor Ort. *www.deutsches-bunkermuseum.de*

**Ein Eingang zum Goethebunker**

# 28 Gemetzel im Nirgendwo

## Die Schlacht von Seybothenreuth

**»Das vielgenannte und vielbeklagte Gefecht bei Seubottenreut« nannte Theodor Fontane die letzte Schlacht des deutsch-deutschen Krieges.**

Seybothenreuth, Landkreis Bayreuth, Oberfranken **Ort** Denkmalweg, 95517 Seybothenreuth **GPS** 49.897071, 11.701004 **Anfahrt** Mit der Bahn nach Seybothenreuth (RB Bayreuth–Marktredwitz und Bayreuth–Weiden) oder mit dem Auto auf der A 9, Ausfahrt Bayreuth-Süd (weiter auf B 22)

**Rechte Seite: Nicht schön, aber schlicht: Der Gedenkstein an das Gefecht**

**Der Krieg von 1866** Fontane (1819–1899), damals noch am Anfang seiner Schriftstellerkarriere, begleitete als Kriegsreporter die preußische Mainarmee, deren Aufgabe es war, die österreichischen Verbündeten im Westen zu besiegen. Zu ihnen gehörten vor allem die größeren Bundesstaaten wie das Königreich Bayern, deren Armeen nach 50 Friedensjahren nicht unbedingt auf neuestem Stand waren, unerfahren und nur schwer zu mobilisieren. Die Bayerische Armee, immerhin gut 40 000 Mann – und damit genauso viel wie die anrückenden Preußen –, kam nur schwer in die Gänge. Dem wesentlich geschickter agierenden Gegner war sie taktisch heillos unterlegen; zwar kämpfte sie in einigen Gefechten im Unterfränkischen bemerkenswert tapfer, aber mehrfach geschlagen einigte man sich am 27. Juli 1866 in Würzburg auf den Beginn von Waffenstillstandsverhandlungen – zu dieser Zeit hatte Österreich bei Königgrätz längst verloren.

**Die Preußen in Oberfranken** Die bayerische Lage war auch deshalb äußerst misslich, weil sich im Osten über Sachsen das II. Preußische Reservekorps unter Führung des mecklenburgischen Fürsten Großherzog Friedrich Franz näherte, mit gut 10 000 Soldaten. Dem standen im Nordosten des Königreiches nur wenige Truppen gegenüber, weshalb man nun hastig allerlei Abteilungen zusammenrief und das »Bayerische Ostkorps« unter Generalmajor Nepomuk Fuchs bildete. Ein wichtiger Bestandteil dieser Armee war das 4. Bataillon-Leib-Regiment unter Major Graf Joner von Tettenweiß; »Leib-Regiment« klingt nach Elitetruppe, tatsächlich aber war es »erst während des Krieges und größtenteils aus Mannschaften mit nur vierwöchiger Ausbildung zusammengestellt worden«, so die Regimentschronik. Inzwischen nahmen am 23. Juli die Preußen recht problemlos Hof ein. Die bayerische Taktik war vogelwild: Von der Falschmeldung ausgehend, es herrsche eine allgemeine Waffenruhe in Vorbereitung von Waffenstillstandsver-

**Schloss Seybothenreuth**

Zur
Erinnerung
an den 29. Juli
1866

Stattliches Gasthaus in Seybothenreuth

handlungen, ließ General Fuchs möglichst viele Punkte des Landes, insbesondere Bahnstationen besetzen, wodurch er das Ostkorps aber gleichzeitig zerstückelte. Als Major Graf Joner in Bayreuth einrücken wollte, saßen dort längst die Preußen. Seiner Aufforderung, aufgrund der vermeintlichen Waffenruhe die Stadt zu räumen, folgten sie nicht – es gab ja keine Waffenruhe. Der Major musste sich wieder ins Umland zurückziehen.

**Die Schlacht von Seybothenreuth** Graf Joner, nun in Weidenberg, sollte Richtung Kemnath abmarschieren, als bei General Fuchs die Meldung eintraf, die Bahnstation Seybothenreuth sei noch unbesetzt. Die Bahnlinie von Bayreuth nach Weiden mit dem wichtigen Knotenpunkt Kirchenlaibach war von großer Bedeutung, weshalb nun Joner nach Seybothenreuth befohlen wurde. Fuchs und Joner waren völlig ahnungslos, dass die Preußen längst im nahen Emtmannsberg lagerten. Am Bahnhof Seybothenreuth – es ist der 29. Juli – waren inzwischen erste Teile des Regiments eingetroffen, die dort auf einige andere bayerische Soldaten trafen, die auf Abtransport warteten. Als die Preußen dies bemerkten, rückten sie gegen diese vor. Da der Bahnhof nicht zu verteidigen war, flohen die Bayern in Richtung Petzelmühle und in einem reichlich wirren Gefecht unterlagen sie schließlich den Preußen. »Jedermann glaubte, die Arbeit des Tages sei gethan«, so Fontane, doch da trabte seelenruhig, ohne Vorsichtsmaßnahmen, Graf Joner mit seinem Leibregiment heran. Beide Seiten waren verblüfft, nun begann ein zweites, noch härteres Gefecht. Die Bayern nahmen erst Stellung auf dem Goldhügel, wurden dann Richtung Eisenbahn vertrieben und zogen sich zu einem Wäldchen nordöstlich zurück: keine schlechte Ausgangsposition, da der heranrückende Feind nun von einer Senke her angreifen musste. Doch Joners unerfahrene Soldaten, teils panisch fliehend, schossen viel zu hoch. Es blieb nur die Kapitulation. Die Verlustzahlen sind umstritten: Die Bayern verloren drei bis fünf Mann, dazu kamen zahlreiche Verletzte und noch mehr Gefangene. Die Preußen hatten keinen einzigen Toten und nur 15 Verwundete zu beklagen.

**Die Folgen des Gefechtes** Es war die letzte Schlacht des deutsch-deutschen Krieges, demütigend für die Bayern, aber letztlich bedeutungslos. General Fuchs wurde mit Kriegsgericht gedroht, weil er seine Truppe in die Falle habe laufen lassen. Das 4. Bataillon Leib-Regiment wurde kurz darauf aufgelöst. Und der Gemeindevorsteher von Seybothenreuth erhielt einen bayerischen Orden. Von den Kampfhandlungen zeugt heute nur noch der 1875 auf dem Goldhügel errichtete, sehr schlichte schwarze Gedenkstein. Der Ort, wo sich die überraschten Soldaten des Grafen Joner verschanzten und von den preußischen Dragonern niedergeritten wurden, liegt gut versteckt inmitten einer Wohnsiedlung, noch dazu sich bescheiden ausnehmend neben einem wesentlich auffälligeren Denkmal für die Weltkriegsopfer. Die Straße zu der kleinen Lichtung inmitten der Wohnbauten heißt dagegen wiederum ganz schlicht: Denkmalweg.

## Das besondere Erlebnis

Ein blutiges Steak ist sicher besser als ein blutiges Gemetzel. Gut versorgt wird man in Seybothenreuth mit einem solchen zu später Stunde im Gasthof Ruckriegel nahe dem Bahnhof. Auf der anderen Seite der Eisenbahnbrücke liegt in einem sehr schönen denkmalgeschützten Gebäude das Wirtshaus Zum edlen Hirschen – es ist fast beeindruckender als das recht schlichte Schloss gegenüber. Bei einem gemütlichen Bier kann man dann ganz friedlich noch einmal Theodor Fontanes Bericht in seinem Buch »Der deutsche Krieg von 1866« nachlesen.

**Das Sühnekreuz findet sich in der Nähe des Denkmals, ist aber um einige Jahrhunderte älter.**

# 29 Der versteckte Schatz

## Burgruine Speckfeld

**Die Fassade des Turmes »Frankenland« blickt wieder weit in die Umgebung – der Rest der Ruine versinkt derweil im Erdboden.**

Markt Einersheim, Landkreis Kitzingen, Unterfranken **Ort** Speckfelder Wald (bei Neubauhof), 97348 Markt Einersheim **GPS** 49.698671,10.322448 **Anfahrt** Mit der Bahn nach Iphofen (RE Nürnberg–Würzburg) oder mit dem Auto auf der B 8 bzw. B 286 (sie treffen nahe der Ruine Speckfeld bei Enzlar aufeinander)

Zahlreiche Gewölbe finden sich auf dem Burgberg.

**Wie Burgen wandern** … kann man gut an der Geschichte unserer Ruine illustrieren. Einst als Turmhügel im Tal gegründet, tauchte der Name Speckfeld, der sich nicht von saftigem Fleisch, sondern von mittelhochdeutsch »specke« für einen Knüppeldamm, also eine befestigte Straße in feuchtem Untergrund ableitet, 1153 erstmals auf. Spätestens ab 1200 aber ging der Trend im Burgenbau eindeutig zur Höhenanlage, und diesem folgten auch die Herren von Speckfeld. Sie zogen einige Kilometer weiter auf einen Bergsporn über Markt Einersheim mit weitem Blick ins Land und wesentlich besser abgesichert. Nun gab es kurzzeitig zwei Burgen Speckfeld, doch bald wurde der frühere Sitz zu Altenspeckfeld, und so heißt der kleine Weiler bei Markt Bibart (siehe 20) noch heute. Der einstige Ansitz ist als Wallanlage noch immer gut erkennbar, Ausgräber machten interessante Bodenfunde. Die neue Speckfeld kommt an die Hohenlohe, von diesen an die Limpurg. Diese folgen schließlich 1693 der neuesten Entwicklung: Höhenburgen sind passé, da abgelegen und unbequem, man zieht in die Städte und baut sich dort repräsentative Schlossbauten inmitten der Untertanen. Eine Stadt besaßen die Limpurg nicht, aber einen Markt: Einersheim. Dort steht ihr – stark verändertes – Schloss noch heute, bis 1960 von ihren Nachfahren bewohnt. Die Speckfeld wurde nicht mehr gebraucht.

**Stein um Stein** Lehensherrn der Limpurg waren seit dem Spätmittelalter die Bischöfe von Würzburg und Bamberg gleichermaßen. Die Speckfeld war ein großer, Eindruck machender Bau, wie alte Bilder zeigen, was auch daran lag, dass die beiden geistlichen Herren gewissermaßen alles verdoppelten. So gab es einen vorderen westlichen Teil, »Frankenland« genannt, und einen hinteren östlichen, »Steigerwald«, der erste würzburgisch, der zweite bambergisch. Beide wurden von jeweils einem hohen Turm gleichen Namens gekrönt. 1713 starb der letzte männliche Limpurg – der schon seit zwanzig Jahren in Einersheim wohnte – und das Erbe fiel an

**Rechte Seite: Turm »Frankenland« schaut immer noch auf dasselbige herunter.**

Die Keller und Kasematten sind inzwischen tief in den Boden eingesunken.

seine Frau, eine verheiratete von Rechteren; das unbewohnte, bereits zerfallende Schloss auf dem Berg aber kam zurück an die beiden Lehensherrn. Diese wussten mit dem Bau nichts anzufangen: Erst der Würzburger, dann der Bamberger Bischof brachen ihren Anteil ab, nur die Türme ließ man vorerst stehen. 1741 allerdings ließ Bamberg dann auch den »Steigerwald« niederlegen, es blieb der Turm »Frankenland« – und der wacht bis heute auf dem Schlossberg ... in Teilen. Denn nur eine Seite ist von ihm geblieben, hoch aufragend steht sie auf der Lichtung. Lange Jahre in traurigem Zustand, ist das Mauerstück mit dem markanten Rundfenster inzwischen gesichert und renoviert. Drum herum sieht es anders aus: Geblieben sind nämlich von der einst großen Anlage auch zahlreiche Gewölbe mit nicht immer klarer Bestimmung. Ein Aufenthalt auf dem unterhöhlten Gelände war früher nicht ganz ungefährlich, man hat mittlerweile für etwas bessere Absicherung gesorgt. Die Eingänge zu den Kellern, oft tief verborgen, eingesunken und aufgeschüttet, lugen manchmal nur noch wenige Zentimeter aus dem Boden. Größte Rätsel gibt ein innen glatt vermauertes rundes Loch auf, die Deutungen reichen von Zisterne bis Kerker.

**Schatzsuche** Verbunden mit der Speckfeld ist eine ungewöhnliche Sage. Wie nicht wenige Burgen Frankens wurde auch die Speckfeld im Bauernkrieg 1525 zumindest beschädigt, ein schlauer Bauer des Umlandes glaubte danach, er könnte wohl für günstige Stimmung beim Bischof sorgen, indem er diesem einen verborgenen Schatz auf dem Burggelände anbiete, vorausgesetzt, man teile hälftig. Der Bischof ließ sich darauf ein, schickte aber zwei Beobachter mit auf die Schatzsuche – gefunden wurde nichts. Dem Bauern blieb nur der Spott seiner Nachbarn und Kollegen. Das Ungewöhnliche an der Sage ist nicht nur das Fehlen eines magischen Elements, sondern vor allem ihre relative Plausibilität. Zwar bleibt einiges schwammig, etwa an welchen der beiden zuständigen Bischöfe sich der Bauer gewandt haben mochte, aber

vorstellbar ist das Geschehen durchaus, auch die Erinnerung daran, Schadenfreude ist langlebig. Nur urkundlich belegt ist die Geschichte eben – bislang – nicht. Auf Schatzsuche sollte man sich in jedem Fall dort oben auf dem Schlossberg nicht begeben, den man am besten vom Parkplatz in Birklingen aus erreicht: Neben dem voraussehbaren Spott und Problemen mit der Forstverwaltung droht vor allem die Gefahr, in einem der unterirdischen Gewölbe zu verschwinden.

**Eine architektonische Besonderheit ist das kleeblattartige Turmfenster.**

## Das besondere Erlebnis

An unserem Wanderparkplatz liegt der kleine Ort Birklingen – einst ein viel besuchter Wallfahrtsort mit großer Klosteranlage. Diese ging jedoch in Bauernkrieg und Reformation unter. Zwischenzeitlich lag der Ort völlig wüst, erst Ende des 18. Jahrhunderts zog wieder Leben in die Ruinen ein. Das jetzige Gotteshaus ist nur noch der verkleinerte Chor der einstigen Klosterkirche. Deren Glocke soll man übrigens nachts ab und zu noch hören – sie liegt der Sage nach auf dem Grund des Sees. Sie können ja mal darauf lauschen, wenn Sie abends beim Augustiner am See sitzen.

**Bei Markt Bibart (siehe Kapitel 20) liegen die Anfänge der Speckfeld.**

30

# Natur und Verfall

## Das Steinachtal

**Naturschönheiten und gleich mehrere verfallende technische Baudenkmale prägen das Steinachtal im Frankenwald.**

Steinachtal (Stadt Stadtsteinach), Landkreis Kulmbach, Oberfranken **Ort** Hochofen 1, 95346 Stadtsteinach **GPS** 50.16998, 11.51239 (Bergamt) **Anfahrt** Mit der Bahn nach Untersteinach (bei Stadtsteinach, RE/RB) oder mit dem Auto auf der A 9, Ausfahrt Himmelkron (weiter auf der B 303 nach Stadtsteinach)

**Ankunft am Bahnhof Stadtsteinach** Leider geht das nicht mehr, obwohl die Strecke noch genutzt wird, jedoch nur für den Güterverkehr. Dabei hatte die einstige Kreisstadt lange für einen Bahnanschluss gekämpft, doch erst 1913 wurde eine Strecke nach Stadtsteinach eröffnet. Personenverkehr gab es nur für wenige Jahre von 1943 bis 1956. Geblieben sind die Siloanlagen des örtlichen Steinbruches und das Bahnhofsgebäude in einem recht gelungenen Holz-Stein-Mischstil. Lange diente es noch als Lager, doch inzwischen ist es nicht nur eingewachsen, sondern auch wegen Einsturzgefahr abgesperrt. Nur noch durch Zaun und Gebüsch kann man einen Blick auf den Bahnsteig werfen, während sich auf der Straßenseite der einstige Charme des Baues noch erahnen lässt. Zukunft ungewiss. Für unseren weiteren Weg ins Steinachtal sollten wir als Ausgangspunkt die Wandertafel am Sportplatz nehmen, dort kann man auch parken. Nur wenige Meter weiter an der Steinach entlang, die uns fortan begleiten wird, wartet schon der nächste Lost Place.

**»Verehrte Fahrgäste, bitte beachten Sie …«. Der ehemalige Bahnhof Stadtsteinach**

**Das ehemalige Bergamt** Im Steinachtal gab es einst bis zu sechs sogenannte Eisenhämmer, in denen das im Tagebau geförderte Erz sogleich verarbeitet werden konnte. Die ersten drei am Anfang des Tales hatten die pragmatischen Namen Unterer, Mittlerer und Oberer Hammer, sie wurden schon zu fürstbischöflichen Zeiten angelegt und teils bis ins 19. Jahrhundert betrieben. Der Untere Hammer, besser als Hochofen bekannt, geht auf das Ende des 18. Jahrhunderts zurück. Den stattlichen Bau, den wir vor uns sehen, ließen die neuen bayerischen Herren 1816 umbauen und als Bergamt für das Steinach-

Wirtschaftsgebäude gegenüber dem alten Bergamt

tal einrichten – das königliche Wappen prangt über dem Eingang. Sehen können wir es nicht: Es ist wie das gesamte Portal inzwischen überwuchert. Kaum zu glauben, dass dieses Gebäude tatsächlich noch vor wenigen Jahren bewohnt war. Schon komplett dem Verfall preisgegeben ist das gegenüberliegende Wirtschaftsgebäude aus der Zeit um 1800. Dass hier jemals wieder Bewohner einziehen werden, ist unwahrscheinlich: In Zukunft wird die neue Umgehungsstraße quasi vor der Balkontür vorbeiführen.

**Die Papierfabrik** Ein geradezu klassischer Lost Place ist die Papierfabrik, die man über eine rechts abzweigende Stichstraße vor der eigentlichen Talenge erreicht. Hier stand der Mittlere Hammer, allerdings schon früh im 19. Jahrhundert aufgegeben und 1865 zur Papiermühle umgebaut. Der Betrieb wurde im Laufe der Zeit zur Fabrik erweitert und immer wieder modernisiert. Erst 1984 kam das endgültige Aus. Ein kurzes Nachleben als Diskothek im stillen Tal war dem Niedergang eher förderlich, seitdem konnte kein Plan einer Neunutzung umgesetzt werden. Der jetzige Zustand des Areals macht solches Ansinnen wohl ohnehin utopisch. Die Backsteinbauten verfallen recht idyllisch, doch das Wohn- und Bürogebäude ist dann doch eher ein hässlicher Schandfleck. Teile des hinteren Geländes werden vom örtlichen Hundesportverein, das einstige hauseigene, noch funktionierende Kraftwerk privat genutzt. Betreten werden darf das Gelände allerdings nicht. Ein Highlight ist der immer noch erstaunlich stabile und hoch aufragende Fabrikschlot.

Der Fabrikschlot steht wie eine Eins. Der Rest ist eher unansehnlich.

**Bergwerke und Kraftwerke** Im Steinachtal, jeweils rechts des Flusses (gegen die Fließrichtung), finden sich die sogenannten Kupferlöcher, Probestollen, um den Tagebau zu erweitern. Die Gangsysteme drangen nicht weit vor, der Ertrag rechtfertigte den Aufwand nicht, geblieben sind vier Eingänge, die heute wie natürliche Höhlen wirken, nur drei sind am Wanderweg auf den zweiten Blick erkennbar (das vierte dient als Keller eines Hauses). Es gab noch andere Ideen, die Kraft der nicht zu Unrecht sogenannten Wilden Steinach zu nutzen. So wurde an einer Biegung des Flusses in der ersten Hälfte des 20. Jahrhunderts ein Kraftwerk zur Stromerzeugung errichtet. Es lief durchaus mit Erfolg. Geblieben sind von ihm nur kaum noch sichtbare Grundmauern im Fluss und der Entwässerungsgraben direkt an der Steinachtalstraße. Wer den Weg weiterverfolgt, kommt schließlich zur Steinachklamm, einem der schönsten Geotope des Frankenwaldes und somit ein wohltuender Kontrast zu all dem Verfall.

## Das besondere Erlebnis

Über Stadtsteinach ragt der Hainberg empor, Teil der Fränkischen Linie, dem Beginn des Frankenwaldes. Auf dem 524 Meter hohen Gipfel steht auf einer Lichtung ein aus mehreren großen Steinen und einer dicken Felsplatte zusammengefügter großer Tisch – die im Volksmund sogenannte »Opferstätte«. Der Überlieferung nach existierte hier in vorchristlichen Zeiten ein germanischer Hain, und wofür dieser dem örtlichen Glauben nach genutzt wurde, verrät der Name … Wissenschaftlich abgesichert ist all dies jedoch nicht, die Herkunft der Felsplatte bleibt ein Rätsel. Wer sie auch immer hierhergebracht hat, der Platz ist gut gewählt, wie jeder feststellen kann, der den wunderschönen Blick hinab auf die Stadt genießt.

Rechte Seite
Oben: Verfall allerorten: Die Papierfabrik.
Unten links: Die Steinachklamm
Unten rechts: Eingang zu einem ehemaligen Bergwerk, einem »Kupferloch«

# 31 Das Grab der Prophetin

## Wo Sibylla Weiß begraben liegt

**Ein einsames Grab bei einer Kapelle – darin liegt die fränkische Prophetin Sibylla Weiß. Aber hat sie überhaupt jemals gelebt?**

Sterpersdorf (Stadt Höchstadt a. d. Aisch), Landkreis Erlangen-Höchstadt, Mittelfranken **Ort** Antoniuskapelle 2, 91315 Höchstadt a. d. Aisch **GPS** 49.675634, 10.758386 **Anfahrt** Mit der Bahn nach Neustadt/Aisch bzw. Forchheim (RE/RB), Sterpersdorf ist von Höchstadt aus mit dem Bus 244 ab Aischwiese erreichbar oder mit dem Auto auf der A 3, Ausfahrt Höchstadt-Ost (weiter über B 470)

**Ein Grab und eine Kapelle** Der Lauberberg nahe Sterpersdorf ist eine Idylle: ein einsam gelegenes, von einer hohen Mauer umgebenes Areal, an dessen Eingang ein freundliches Wirtshaus und in dessen Mitte eine schmucke Wallfahrtskapelle wartet, alles frisch hergerichtet, von Ausflüglern, Wanderern und Pilgern gern besucht. Klingt nicht, als gehöre er in dieses Buch, wären da nicht rechts neben der Kapelle zwei einzelne, von kleinen Zäunchen umgebene Gräber. Das hintere (wenn man davorsteht: rechte) der beiden, mit Blumen und einem umgestürzten, bemoosten groben Stein, wurde als Priestergrab identifiziert, nicht ungewöhnlich neben einer Wallfahrtskirche. Das berühmtere Grab aber ist das benachbarte, das lediglich aus dem Zaun und einer großen, beschrifteten Steinplatte besteht – ohne Namen, aber mit einer Geschichte. Hier liegt, so heißt es, die Prophetin Sibylla Weiß.

Wallfahrts- und Ausflugsziel: die Antoniuskapelle auf dem Lauberberg

**Hübsch restauriert: Kreuzwegstation und Fensteröffnung der Umfriedungsmauer**

**Ein Blick in die Zukunft** Wer ist die Frau – und warum bekam sie diesen Ehrenplatz auf dem Lauberberg? Nun, Frau Weiß gilt als die bekannteste fränkische Prophetin des Mittelalters, die mit schriftlich niedergelegten Weissagungen eine reichlich düstere Zukunft vorhersah. Weit vorausgreifend malte sie eine Zeit aus, in der Frauen Männermode tragen würden, die Menschen in der Luft fahren könnten, die Bauern kein Vieh zum Pflügen mehr benötigen, es »eiserne Wege« im Land geben würde und die Leute nicht mehr in die Kirche gingen. Klingt vertraut, zumindest mit etwas Fantasie scheinen wir dieser Zukunft schon sehr nah. Leider ist das schlecht für uns: Ist dieses Zeitalter erreicht, beginne eine Krise nach der anderen – Seuchen, Kriege, Hunger –, bis es zu einer Endschlacht des Ostens gegen den Westen komme. Hier wird Sibylla Weiß erstaunlich konkret: Das entscheidende, sehr blutige Zusammentreffen findet nämlich bei Teuschnitz im Frankenwald statt, der Osten gewinnt vorerst, wird aber schließlich doch noch am Rhein besiegt, danach kehrt Friede ein, nur sind nicht mehr allzu viele übrig, um ihn zu genießen. So weit ihre Prognose.

**Wer ist Sibylla Weiß?** Zur Person lassen sich auf den ersten Blick durchaus präzise Angaben machen. Das Schloss, dem Sibylla entstammte, stand einst im nahen Wolfsgraben bei Lonnerstadt, von wo sie gern zur Kapelle des heiligen Antonius spazierte. Anderen Überlieferungen nach ist sie sogar die Stifterin der kleinen Kirche. In ihrem Testament verfügte sie deshalb auch, auf dem Lauberberg begraben sein zu dürfen. Auch damit geht eine Prophezeiung einher: Sollte sich ihr Grab, ursprünglich direkt an der Kirchenmauer angebaut, von dieser entfernen, sodass es ein Reiter mühelos umrunden könne, sei das Jüngste Gericht nahe. Klingt unmöglich? Falsch: Der weiche Boden des Hügels sorgte insbesondere nach starken Regenfällen für eine Fortbewegung von der Kapelle weg. Sie selbst sehen die jetzige Lage des Grabes, also seien Sie gewarnt!

Eines der geheimnisvollsten Gräber Frankens. Liegt hier Sibylla Weiß?

**Sibylla Weiß zum Zweiten** Bevor Sie nun in Panik ausbrechen, gibt es jedoch einiges zu bedenken. An dem Ort, wo angeblich Sibyllas Wiege stand, gab es nie ein Schloss. Nun gut, andere Berichte verlegen ihre Geburt in Schlösser der näheren Umgebung, nach Hessen oder Ulm. Verschwunden ist leider auch ihr Buch, im Original nachlesen kann man ihre Prophezeiungen – die allerdings ziemlich konstant überliefert werden – somit nicht mehr. Und dann gibt es da noch andere Probleme: Im Fichtelgebirge gibt es eine Prophetin, die so ziemlich dasselbe vorhersagte. Kein Wunder: Ihr Name war Sibylla Weiß. Sie stammte, so sagt man, aus der Nähe von Bischofsgrün und wurde dort unter einem Granitblock auf der Hohen Haid begraben – auch er ist wiederum mit einer Prophezeiung verbunden: Sollte er jemals einen Sprung aufweisen, den man durchreiten kann, folgt bald die Endschlacht. Dass man einen der einzeln herumliegenden, oft bizarren Granitblöcke des Fichtelgebirges zu einem Grab umfantasiert, mag weniger erstaunen als die Doppelung der Sibylle Weiß. Tatsächlich ist sie buchstäblich zwiespältig: Ihre düsteren Vorhersagen sind wohl aus Prophezeiungen des Mittelalters hervorgegangen, die in zwei gern gelesenen Büchern niedergeschrieben waren. In Verbindung gebracht wurden diese mit den klugen Seherinnen der Antike, den Sibyllen, und erhielten so mehr Autorität. Der Name Sibylla Weiß ist höchstwahrscheinlich nur ein Wortspiel, eine weise Sibylle. Bleibt allerdings eine Frage: Wer liegt dann eigentlich im Grab auf dem Lauberberg?

## Das besondere Erlebnis

Wer sich weiter auf die Spurensuche der geheimnisvollen Sibylla Weiß begeben möchte, dem bietet die Literatur Zuflucht. Der einst viel gelesene unterfränkische Schriftsteller Leo Weismantel (1888–1964) widmete ihr seinen Roman »Die Sibylle – Geschichte einer Seherin«. Derzeit existiert das Buch leider nicht in einer aktuellen Auflage, für immer verschwunden wie das Originalwerk der Prophetin selbst ist es allerdings zum Glück nicht: Man findet es noch in Antiquariaten oder in Bibliotheken.

# 32 Die Letzte ihrer Art

## Hexenverfolgung in Unterzell

**Das Kloster der letzten als Hexe verbrannten Frau in Franken, einer Nonne, nahm selbst ein trauriges Schicksal.**

Unterzell (Markt Zell am Main), Landkreis Würzburg, Unterfranken **Ort** Judenhof 4, 97299 Zell am Main **GPS** 49.81071,9.87244 **Anfahrt** Mit der Bahn nach Würzburg Zell (RE/RB Würzburg–Frankfurt/Main) oder mit dem Auto auf der A3, Ausfahrt Würzburg-Heidingsfeld (weiter auf B27)

**Der Fall Singer von Mossau** Es ist eine harmlose Aktennotiz, die sich für den 2. September 1720 im Protokollbuch der Propstei Unterzell findet: »Schw. Mariam Renatam Singerin à Mossau, bishero gewesene Circatricem und Custorin, zu einer Suppriorin gesetzet«, Schwester Maria Renata Singer von Mossau, vormalige Aufseherin und Mesnerin, wurde also zur Subpriorin, zur Stellvertreterin der Konventleiterin befördert. Klosteralltag. Maria Renata ist immerhin schon seit ihrer Jugend, seit 1699, Nonne in Unterzell, eine verdiente Mitschwester. Knapp dreißig Jahre versah sie dieses Amt, dann endete sie auf dem Scheiterhaufen. Am Ende der 1740er Jahre brachen im Kloster wohl Konflikte innerhalb des Konventes aus: Junge Nonnen standen den älteren gegenüber, die bayerischen den fränkischen, adelige den bürgerlichen. Maria Renata, als Subpriorin auch für die Disziplin zuständig,

Links: Einstiges Portal des Klosters
Rechts: Die Ruine der Klosterkirche

Teile des früheren Kreuzganges

streng und fromm, nun fast siebzig Jahre alt, gab ein gutes Feindbild ab für einige jüngere, psychisch labile Nonnen. Sie inszenierten ein gefährliches Intrigenspiel. Womöglich aufgrund echter epileptischer Anfälle erklärten sie sich selbst für besessen – verhext habe sie Schwester Maria Renata. Die Bezichtigung wurde noch plausibler, da die Subpriorin sich auch um die klostereigene Kräutersammlung kümmerte, was nun plötzlich gegen sie ausgelegt wurde. Sie habe dort Zaubermittel zusammengemischt.

**Tod auf der Festung** Hexenprozesse in Franken, einer Hochburg des Wahns, waren eigentlich seit gut hundert Jahren nur noch eine Randerscheinung, die Frühaufklärung machte sich breit. Gleichwohl ließ sich der Vorwurf der Hexerei hier nicht ignorieren. Eine klosterinterne Untersuchung wurde eingeleitet. Dass diese der zuständige Propst führte, von dessen Verwandten einige zu den Hauptanklägern Maria Renatas gehörten, war eine unglückselige Fügung. Er war nur anfangs zögerlich, da die Vorwürfe aber immer heftiger und bizarrer wurden – Renata sollte auch Personen verhext haben, die sie persönlich nie gesehen hatte –, überstellte er die Nonne einer geistlichen Untersuchungskommission in Würzburg. Nun wurde sie harten Verhören unterzogen, mit allerlei Fragen bedrängt, zwar nicht gefoltert, aber starkem Druck ausgesetzt. Dazwischen lag die gut 70-Jährige oft wochenlang im Kerker. All das führte dazu, dass sie gestand. Es war das Übliche: Sie sei schon als Kind in die Hexerei eingeführt worden, habe einen Pakt mit dem Teufel geschlossen, mit diesem sexuell verkehrt, diese und jene Person verhext. Es waren die willigen Antworten auf die Suggestivfragen der Kommission. Selbst den Skeptikern unter deren Mitgliedern blieb nun nichts anderes übrig, als sie dem weltlichen Gericht zu übergeben. Am 21. Juni 1749 wurde Maria Renata zum Tod durch das Schwert verurteilt, anschließend sollte die Verbrennung auf dem Scheiterhaufen erfolgen, bis auf den Kopf, der auf einen Pfahl gesteckt werden sollte. Noch am gleichen Tag wurde die Nonne vor der Festung Marienberg geköpft, »wo mittlerzeit der Kitzinger Scharpfrichter das Schwerd entblößet und mit einer so ausnehmenden Geschicklichkeit den Kopff abgehauen, daß alle Umbestehende das vollkommene Vergnügen über diesen so glücklichen Vollzug haben verspuhren lassen«, so ein Augenzeuge. Anschließend brachte man den Körper an einen traditionellen Hexenverbrennungsplatz nahe Höchberg und zündete den letzten Scheiterhaufen an, der je für eine Hexe in Franken errichtet worden war.

**Der Fluch der Nonne** Renata wurde zu einer Sagengestalt. Seit ihrem Tod, so die Legende, trage sie in bestimmten Nächten »einen Rosenstrauß in der Hand und wandelt mit langsamen Schritten durch die dem Gottesdienst entfremdeten Klosterhallen«, damit den Tod von Würzburger Geistlichen anzeigend. Ob sie dem ein oder anderen Pfarrer Unglück gebracht hat, muss offenbleiben, ihrem Kloster jedenfalls erging es bald alles andere als glücklich. Einst 1126 als Ergänzung zum Männerkloster in Oberzell gegründet, war es zwar in Folge der Reformation aufgelöst, aber auf Druck durch Bischof Julius Echter wiedergegründet worden. Einziehen konnte man jedoch erst gut fünfzig Jahre vor Renatas Eintritt ins Kloster, 1642 – und nun, wiederum gut fünfzig Jahre nach ihrem gewaltsamen Tod, ging es 1803 aufgrund der Säkularisation mit Unterzell auch schon wieder zu Ende. Es kam noch schlimmer: Die Klosterbauten wurden privat versteigert, die Kirche leer geräumt. Auch in ihr

Umfunktionierte Barockschale aus Klosterzeiten

wurden Wohnungen errichtet, der Rest des Gotteshauses als Stall benutzt. Einen der beiden Türme brach man ab, als den anderen der Blitz traf, setzte man das Dach nicht mehr instand und er blieb als Stumpf zurück. Im März 1945 wurden die Reste des Klosters von Bomben getroffen, die Wohnungen nur teilweise wiederaufgebaut, die Kirche blieb Ruine. Später richtete sich die evangelische Gemeinde im Chor einen Gottesdienstraum ein; dies ist der heutige Zustand. Und der ist weder sonder lich gut noch ästhetisch ansprechend. Selbst das besterhaltene Gebäude, die Propstei, könnte einen neuen Anstrich vertragen. Ansonsten findet der moderne Besucher die einzelnen Überbleibsel des Klosters auf dem gesamten Areal verstreut, etwa das Portal zum Klosterhof oder die Bruchstücke einer barocken Springbrunnenschale. Die Ruinenreste der Kirche wirken trist, die Abtrennung des Chores für den Gottesdienst noch immer provisorisch. Dass Renata hier nachts durch die Trümmer schleicht, kommt einem gar nicht so unwahrscheinlich vor …

## Das besondere Erlebnis

Das Leid der als Hexen und Hexer denunzierten Personen in Franken dokumentiert seit einiger Zeit der Hexenturm in Zeil am Main. Das beschauliche Städtchen bei Hassfurt war zu Hochzeiten der Hexenverfolgungen Schauplatz einer exzessiven, sich hochschaukelnden Welle grausamer Prozesse gegen die eigene Bevölkerung. Die bedrückende Atmosphäre jener Tage vermittelt besonders anschaulich Harald Pariggers Roman »Die Hexe von Zeil« – die Geschichte einer jungen Frau, die in die Mühlen der Hexenjäger gerät und in ebendiesem Hexenturm einsaß, verhört und gefoltert wurde. *www.zeiler-hexenturm.de/zeiler-hexenturm.html*

**Links: In die Ruine wurde die ev. Kirche eingebaut.**
**Rechts: Einsames Maßwerk**

# 33 Die verspätete Ruine

## Das Renaissanceschloss in Wässerndorf

**Eine Burgruine, könnte man denken, hübsch, aber eine wie viele. Falsch. Ruine ist Schloss Wässerndorf erst seit gut 70 Jahren.**

**Bis hierher und nicht weiter: Brücke und Portal des Schlosses Wässerndorf**

Wässerndorf (Gemeinde Seinsheim), Landkreis Kitzingen, Unterfranken **Ort** Schloßstr. 1, 97342 Seinsheim **GPS** 49.639771,10.203566 **Anfahrt** Mit der Bahn nach Marktbreit (RB) oder mit dem Auto auf der A 7, Ausfahrt Marktbreit

**Wässerndorf** Es ist eine Ecke Frankens, die abseits großer Verkehrsströme liegt, die Gegend um Wässerndorf, man muss schon hinwollen, um sie zu entdecken. Wer dies um, sagen wir, 1925 tat, der traf in dem Dörfchen Wässerndorf nicht nur auf eine schöne spätgotische Kirche, sondern vor allem auf das große Landschloss, immer noch bewohnt vom Adel, nun aus dem Geschlecht der Freiherren von Pölnitz. Der Bau stammte aus dem 13. Jahrhundert und war eine Gründung – wie auch das Dorf – der einst mächtigen Seinsheimer, die später in die nicht minder einflussreichen Schwarzenberg übergingen. Diese Familie – noch heute in der Region präsent – ließ die Burg im Jahr 1555 zu einem sehr stattlichen Renaissancebau mit spätgotischen Elementen auf den Fundamenten der Vorgänger umgestalten. Der Kern war eine dreistöckige Viereckanlage, umgeben von einer Ringmauer, bestückt mit sieben Türmen – pro Ecke und Mauermitte einer, an der vierten

Ein Kindergrabstein auf dem Friedhof: es dürfte sich um eine jungverstorbene Schlossbewohnerin handeln.

Mauer befand sich der Tordurchgang mit großer Dachhaube. Drum herum ein Wassergraben. Der Besucher von 1925 fand sogar noch sehr gut erhaltene Zimmer mit Fresken aus jenen Tagen im Original vor. Zwanzig Jahre später war dies alles dahin.

**Die Brandkatastrophe** Die Zeit des Zweiten Weltkrieges hatte für Wässerndorf gerade deshalb so große Konsequenzen, weil der Ort so abgelegen war. Schon vor Ausbruch siedelten die Nazis hier die Bewohner des Dorfes Bonnland aus dem nördlichen Unterfranken an, die sie zwangsenteignet hatten – ihr Ort wurde auf dem Truppenübungsplatz Hammelburg für Häuserkampfübungen gebraucht. Enteignet wurde auch der Wässerndorfer Schlossherr, Freiherr von Pölnitz, immerhin durfte er mit seiner Familie auf dem Ansitz bleiben. Die Burg wurde zu Ende des Krieges hin dafür ausersehen, Kunstschätze und Archivalien vor allem aus Würzburg aufzunehmen, im vermeintlich sicheren Abseits vom Kampfgeschehen. Doch am 5. April 1945 mussten die Neuwässerndorfer aus Bonnland, die alteingesessenen Dorfbewohner und der Schlossbesitzer mit ansehen, wie ihre Burg in Flammen aufging, mitsamt der dort eingelagerten Kunst und Dokumente; dazu kam viel persönliche Habe, die viele der Wässerndorfer hier in Sicherheit dachten. Die Umstände sind ungeklärt. Die einrückenden Amerikaner hatten Ort und Schloss – in dem die meisten Dorfbewohner versammelt waren – an und für sich bereits friedlich eingenommen, doch dann sollen Schüsse auf die Soldaten gefallen sein, ein Toter wurde gemeldet. Ob als Rache oder dann im Chaos der Reaktion brach ein Feuer aus, die Menschen wurden evakuiert, doch die Burg und alles, was in ihr war, gingen in Flammen auf. Da Löschversuche anfangs untersagt wurden, kokelten die Reste noch tagelang vor sich hin.

**Symmetrisch war das Schloss von Türmen eingerahmt.**

Die schöne gotische Pfarrkirche blieb glücklicherweise wie das Dorf von dem Brand verschont.

**Plötzlich Ruine** Statt eines Renaissanceschlosses stand nun inmitten des Dorfes eine bizarre Ruine, ausgebrannt und dächerlos. Sie kam in den Besitz des Freistaates Bayern, doch eine Nutzung wurde ebenso wenig in Angriff genommen wie ein Wiederaufbau. Groß angelegte Pläne nach dem Verkauf an Privatleute Anfang der 1980er Jahre wurden nie umgesetzt, die Burg wechselte erneut die Besitzer. Wer heute vor dem Bau steht, erkennt noch immer die oben beschriebene alte, symmetrische Anlage von 1555, mit leerem Wassergraben, etwas eingewachsen. Man muss zugeben, dass die noch junge Burgruine durchaus ihren Charme entfaltet, so tragisch die dahinterstehende Geschichte auch ist. Zwar wirkt sie natürlich verfallsbedroht – sie ist auch nicht zugänglich, auf der Brücke vor dem Haupttor ist Schluss –, doch der zweite Blick verrät, dass durchaus etwas gegen weitere Zerstörung getan wird. Die derzeitigen Besitzer haben nämlich eine aus der Not geborene, aber passende Verwendung für die Ruine gefunden: als Mahnmal gegen den Krieg.

## Das besondere Erlebnis

Nur wenige Kilometer von Wässerndorf entfernt ragt der Bullenheimer Berg auf. Am Westrand findet sich über den Weinbergen die spätgotische Ruine der einstigen Wallfahrtskirche zur heiligen Kunigunde, wie das gesamte Areal ein sagenumwobener Ort. Kein Wunder, ist der Berg doch schon seit Vorzeiten besiedelt, ein Ringwall und Funde zeugen noch hiervon, und auf den Resten eines mittelalterlichen Burgstalls steht heute ein Aussichtsturm. Ein ideales Wandergebiet – gern mit anschließendem Ausklang in einer der umliegenden Weinstuben.

# Register

# Ebenfalls erhältlich ...

ISBN 978-3-7343-1190-1

ISBN 978-3-7343-0671-6

# Impressum

Verantwortlich: Dr. Johannes Abdullahi
Redaktion: Dr. Gotlind Blechschmidt
Layout und Umschlaggestaltung: BUCHFLINK Rüdiger Wagner
Covergestaltung: Leeloo Molnar
Repro: Cromika
Herstellung: Stephanie Schlemmer
Printed in Slovenia by Florjancic

★★★★★

**Sind Sie mit diesem Titel zufrieden? Dann würden wir uns über ihre Weiterempfehlung freuen.**
Erzählen Sie es im Freundeskreis, berichten Sie Ihrem Buchhändler, oder bewerten Sie bei Onlinekauf. Und wenn Sie Kritik, Korrekturen, Aktualisierungen haben, freuen wir uns über Ihre Nachricht an Bruckmann Verlag, Postfach 40 02 09, D-80702 München oder per E-Mail an lektorat@verlagshaus.de

Unser komplettes Programm finden Sie unter www.bruckmann.de

Alle Angaben dieses Werkes wurden vom Autor sorgfältig recherchiert und auf den neuesten Stand gebracht sowie vom Verlag geprüft. Für die Richtigkeit der Angaben kann jedoch keine Haftung übernommen werden, weshalb die Nutzung auf eigene Gefahr erfolgt. Insbesondere bei GPS-Daten können Abweichungen nicht ausgeschlossen werden. Sollte dieses Werk Links auf Webseiten Dritter enthalten, so machen wir uns die Inhalte nicht zu eigen und übernehmen für die Inhalte keine Haftung.

In diesem Buch wird aus Gründen der besseren Lesbarkeit das generische Maskulinum verwendet. Weibliche und anderweitige Geschlechteridentitäten werden dabei ausdrücklich mitgemeint, soweit es für die Aussage erforderlich ist.

**Empfehlung der Redaktion** Sie sind auf der Suche nach weiterführender Literatur? Dann empfehlen wir Ihnen den Titel »Das Buch der unheimlichen Orte in Bayern« von Fritz Fenzl und Raphael Lichius.

Bildnachweis: Alle Bilder im Innenteil stammen vom Autor.
Umschlagvorderseite: Gedenkstein für Schloss Scharfeneck (Kapitel 1)
Umschlagrückseite: Der ehemalige Grenzbahnhof Schirnding (Kapitel 25)

Die Deutsche Nationalbibliothek verzeichnet diese Publikation in der Deutschen Nationalbibliografie; detaillierte bibliografische Daten sind im Internet über http://dnb.d-nb.de abrufbar.



ISBN: 978-3-7343-1915-0